DROIT PÉNAL ÉCONOMIQUE CONGOLAIS

Régime juridique des infractions économiques

Collection Géopolitique mondiale
Dirigée par Mwayila Tshiyembe

L'objet de la Collection Géopolitique mondiale est de susciter les publications dont la vocation est double : d'une part, donner un sens aux mutations provoquées par la mondialisation, étant donné la perte des repères du monde ancien et la nécessité d'inventer les repères du monde nouveau ; d'autre part, analyser la complexité des enjeux territoriaux, des rivalités d'intérêt et de stratégies qui pousse les acteurs à user de la force ou de la diplomatie, pour modifier ou tenter de modifier le rapport de force (ressources naturelles, humaines, culturelles), selon des idéologies qui les animent. À cette fin la prospective et la pluridisciplinarité sont des approches privilégiées.

Dernières parutions

Mwayila Tshiyembe, *Géopolitique mondiale. Théorie générale et géopolitique de la Russie, la Chine, l'Inde et du monde Musulman*, 2022.
Frederic Esiso Asia Amani, *Manuel de méthodologie de recherche en sciences sociales*, 2022.
Mwayila Tshiyembe, *Droit international public. Théorie générale et étude de cas jurisprudentiels*, 2022.
Gérard Tukumbi Ramazani, *Politiques publiques et développement rural durable. La province de Tanganyika en RDC*, 2022.
Ursil Lelo-Di-Makungu, Junior-Jackson Bosakella Lokwa et Jean Bakomito Gambu, *Traité de droit commercial OHADA*, 2022.
Laurent Ngoy Ndjibu, *Fiscalité provinciale en R.D. Congo. Regard sur les mécanismes de mise en œuvre et de performance de la décentralisation fiscale*, 2022.
Starmans Bofoe Lokangu, *Le droit congolais de la propriété intellectuelle*, 2022.
Glombert Loko Mantuono, *Droit social, droit du travail et de la Sécurité sociale en RDC*, 2022.

Starmans Bofoe Lokangu

DROIT PÉNAL ÉCONOMIQUE CONGOLAIS

Régime juridique des infractions économiques

Préface de Glombert Loko Mantuono

L'Harmattan

Du même auteur

Le Droit congolais de la propriété intellectuelle, L'Harmattan, Paris, 2022.

Fiscalité des Organisations et des Ressources naturelles en République démocratique du Congo, L'Harmattan, Paris, 2021.

Droit fiscal et Procédures fiscales en République démocratique du Congo, Théories Générales, L'Harmattan, Paris, 2021.

La criminalité pharmaceutique en République démocratique du Congo, Une véritable menace au droit à la santé, L'Harmattan, Paris, 2019.

Le droit à la santé en droit positif congolais, Utopisme de mise en œuvre d'un droit fondamental, ÉUE, Berlin, 2018.

5-7, rue de l'Ecole-Polytechnique, 75005 Paris
http://www.editions-harmattan.fr
ISBN : 978-2-14-049015-6
EAN : 9782140490156

Sommaire

Préface

Très honoré d'être désigné par l'auteur pour la préface de son ouvrage relatif au régime juridique des infractions économiques en droit congolais, je me dois avant tout de reconnaître que cette étude aborde les matières qui se trouvent au cœur de mes spécialités d'écriture et d'enseignement, spécialités que j'ai eues en partage avec l'auteur lors de sa formation académique dont j'étais un des principaux architectes.

Starmans BOFOE LOKANGU, aujourd'hui Professeur et Vice-doyen en charge de l'Enseignement à la Faculté de droit de l'Université de Kisangani est l'un des brillants chercheurs de cette institution aux productions scientifiques prolifiques et dont j'ai eu à conduire les premiers pas du cursus académique à la même Faculté après l'avoir compté parmi mes meilleurs étudiants de sa promotion, qualité couronnée au terme de ses études de licence d'une bourse d'excellence de la Fondation Rawji en 2006.

Passionné par la recherche et le savoir scientifique, cet auteur a fait preuve des qualités intellectuelles, de finesses et de la clarté dans ses analyses et débats, atouts qui ont constamment irrigué sa réflexion scientifique. Il me donne ici le privilège de présenter à la communauté des juristes et opérateurs économiques un ouvrage dont la qualité et les mérites intrinsèques résultent de son imagination féconde et de la richesse de son contenu.

Du cadre au régime juridiques des infractions économiques, le présent ouvrage qui n'est ni plus ni moins un recueil de droit pénal spécial économique étudie de manière circonstanciée et pointilleuse les spécificités de chaque infraction analysée au regard de ses éléments constitutifs (moral et matériel), des modalités de sa recherche et de sa poursuite, des facteurs à la base de sa commission, avant de relever des lacunes propres à chaque régime répressif et assorti *de lege ferenda* de ce qui devrait être fait.

L'opportunité de cette publication enrichie par quelques données jurisprudentielles au moment où se complexifient, se diversifient et se modernisent les comportements des acteurs de la vie économique exacerbés par la crise de toute sorte à l'ère du numérique, est inhérente à sa vocation à notamment servir de compulsoire et de bréviaire aussi bien aux opérateurs du droit qu'aux agents économiques publics et privés sans omettre tous autres sympathisants du droit.

Elle leur permettra ainsi d'y trouver un ensemble d'idées tout aussi stimulantes que variées dans la recherche et la qualification des comportements infractionnels en matières économiques, dans la détermination des responsabilités en la matière partant des éléments constitutifs de chacune des infractions et dans l'application des sanctions correspondantes parfois affectées des circonstances spécifiques selon qu'elles sont atténuantes ou aggravantes.

Le caractère dynamique de ce droit, lié à la multiplicité des faits infractionnels, empêche que soit dressée une liste exhaustive des infractions réprimées d'autant plus que les dispositions du droit économique subissent fréquemment des modifications et que la réglementation doit évoluer dans le même sens que la transformation du paysage économique.

Le droit pénal devient ici une force motrice, un vecteur efficace à moraliser les pratiques dans le monde des affaires, à assainir les activités économiques, à les sécuriser et à contribuer au redressement de l'ordre public économique et de la loyauté, et à veiller à l'équilibre entre l'impératif de la sécurité juridique et l'efficacité économique en faveur de tous les acteurs de la vie économique, entendus producteurs, distributeurs et consommateurs.

Les publications déjà réalisées par cet auteur sont des preuves éloquentes de sa passion pour la science, et de son imagination créatrice au service de la communauté scientifique et professionnelle. C'est ici le lieu de le féliciter sincèrement pour avoir mis à la disposition du monde scientifique cet outil précieux et désormais utile à la recherche en droit pénal spécial économique.

Chers lecteurs, vous êtes invités à vite décrypter le secret de la luxuriante forêt que cache ce gisement du savoir venu alimenter la doctrine pour nourrir votre esprit en vue d'une meilleure application du droit et de l'érection d'un monde économique moralisé et sain.

Fait à Kinshasa (RDC), le 15 mai 2023.

Professeur Glombert Loko Mantuono

Docteur en Droit Économique et Social
Chef de Département Honoraire de Droit économique, et Social et Vice-Doyen Honoraire chargé de la Recherche à la Faculté de Droit de l'Université de Kisangani.

Avant-propos

L'absence du code de droit économique et du code pénal économique congolais est la raison majeure de penser à la construction d'un droit pénal économique afin de regrouper et d'analyser quelques infractions en matière économique commises par les opérateurs économiques dans leurs rapports d'échange de biens et services avec les consommateurs.

Dans le souci d'assainir ces rapports, il est important de regrouper et d'analyser les infractions prévues et punies par les différents textes réglementant la vie économique, disposés de manière éparse relatives au prix, à la concurrence, à la sauvegarde du pouvoir d'achat des consommateurs et aux risques de santé auxquels sont confrontés les consommateurs. D'où la nécessité d'un ***mémento de droit pénal économique.***

De manière structurelle, outre la partie introductive et la conclusion, l'ouvrage s'articule autour de quatre chapitres respectivement relatifs aux :

- Infractions aux règles de fixation et de publicité des prix ;
- Infractions à la concurrence déloyale ;
- Infractions à la sauvegarde du pouvoir d'achat des consommateurs ainsi que
- Particularités des sanctions aux infractions économiques.

Il a été de notre devoir de ressortir pour chacune des infractions, les éléments constitutifs (légal, matériel et moral) avec les particularités du régime répressif y applicable tout en tenant compte ou non de la nécessité d'adaptation de ces règles à l'impératif de la sécurité juridique ou à celui de l'efficacité économique.

De prime abord, nous rendons grâce à Dieu Tout-Puissant pour nous avoir donné la vie, l'intelligence et la force d'élaborer cet ouvrage.

Nos remerciements s'adressent non seulement aux professeurs Jean Otemikongo Mandefu, Mwayila Tshiyembe, Jean-Faustin Bongilo Boendy pour leurs encouragements et soutiens multiformes. Notre gratitude s'adresse au professeur Glombert Loko Mantuano pour avoir minutieusement lu et corrigé le manuscrit du présent ouvrage avant de le préfacer.

Une mention particulière est faite à son Excellence Madame la Gouverneure de la Province de la Tshopo, Maître Madeleine Nikomba Sabangu pour son soutien financier inconditionnel à la publication de cet ouvrage.

Puisse-t-il être la fierté de ma très chère épouse Foma Maana et de nos trois enfants Starlas, Nolhan et Axel Bofoe.

Fait à Kisangani, le 13 mars 2023.

Professeur Starmans Bofoe Lokangu
L'auteur.

Liste d'abréviations et sigles

- CCL III : Code civil livre III
- CNUCED : Conférence des Nations-Unies sur le Commerce et le Développement
- CNUDCI : Commission des Nations-Unies pour le Droit Commercial International
- CPC : Code de procédure civile
- CPL I : Code pénal livre I
- CPL II : Code pénal livre II
- CPP : Code de procédure pénale
- DL : Décret- Loi
- DSCRP : Document de la stratégie de croissance et de réduction de la pauvreté
- FAO : Food and Agriculture Organization
- FPI : Fonds de Promotion de l'Industrie.
- INTERPOL : International Criminal Police Organization
- J.O : Journal officiel
- OCDE : Organisation de Coopération et de développement
- OHADA : Organisation pour l'Harmonisation en Afrique du Droit des Affaires
- OL : Ordonnance – Loi
- OMC : Organisation Mondiale du Commerce
- OMP : Officier de Ministère Public
- OMS : Organisation Mondiale de Santé
- ONU : Organisation des Nations-Unies
- OPJ : Officier de Police Judiciaire
- Ord. : Ordonnance
- PUC : Presses Universitaires du Congo
- PUF : Presses Universitaires de France
- RDC : République Démocratique du Congo
- SP : Servitude pénale

- UNIKIN : Université de Kinshasa
- UNIKIS : Université de Kisangani

Introduction

L'entrée en matières de cet ouvrage passe par le rappel inéluctable du principe de la légalité criminelle analysée au regard de la notion de la délégalisation de délits et des peines ou encore à la textualité, avant de considérer successivement l'intérêt du recours au Droit pénal économique aux fins d'assainissement des activités économiques d'une part, d'analyse des facteurs à la base de la criminalité économique et l'effectivité du Droit pénal économique, d'autre part.

L'énoncé de la charpente de l'ouvrage va clôturer cet exorde.

1. Du principe de la légalité criminelle à la textualité

Né le 14 juillet 1789 avec la Déclaration des droits et libertés fondamentales en France, le principe de la légalité est considéré comme la clé de voûte de toute branche du droit pénal. Il sous-entend que le pouvoir d'édicter les règles du droit pénal incombe à la loi (*Nullum crimen, nulla poena sine lege*). Dans un État de droit, ce principe de la légalité criminelle a comme corollaire le principe de séparation des pouvoirs[1].

Longtemps appliqué comme principe général de droit, le principe de la légalité criminelle est désormais consacré par l'alinéa 2 de l'article 17 de la Constitution de la République Démocratique du Congo du 18 février 2006 qui dispose que : « Nul ne peut être poursuivi, arrêté, détenu ou

[1]KOLB F. et LETURMY, *L'essentiel du droit pénal général*, Gualino-Lextenso, 12ème édition, Issy-les-Moulineaux, 2015-2016, p. 19.

condamné qu'en vertu de la loi et dans les formes qu'elle prescrit[2] ».

Trois arguments justifient donc ce principe de la légalité criminelle. Il s'agit des arguments psychologiques, politiques et institutionnels.

- Du point de vue *psychologique*, il faut que la loi avertisse avant de punir afin que le citoyen sache, avant d'agir, ce qui est interdit et puni ;
- Du point de vue *politique*, il est nécessaire d'éviter que les citoyens vivant dans une collectivité soient trop brimés au risque de perdre toute liberté. La loi paraît être la seule norme à pouvoir régler un conflit ;
- Du point de vue *institutionnel*, le principe de la séparation des pouvoirs confie au pouvoir législatif, expression de la volonté du peuple, une compétence exclusive en la matière. Ni le juge, ni l'exécutif ne devrait y prétendre[3].

Longtemps admis sans discussion, le principe de la légalité criminelle a sérieusement décliné. Son déclin s'observe aussi bien au profit de l'exécutif, du juge que des sources supranationales pour des raisons ci-après :

- Le déclin au profit de l'exécutif : il s'agit ici de la transmission d'un pouvoir par le législateur à l'exécutif dans la création de certaines incriminations et sanctions par voie réglementaire ;
- Le déclin au profit du juge : le juge est nanti des pouvoirs d'appréciation dans la fixation des peines ;
- Le déclin au profit des sources supranationales : le mouvement croissant d'harmonisation des droits au

---

[2] NGOTO NGALINGI, *L'Essentiel du Droit pénal congolais*, Presses Universitaires du Congo, Kinshasa, 2018, p. 10.

[3] BORRICAND J. et SIMON, *Droit pénal, Procédure pénale*, Dalloz, Paris, 8ème édition, 2013, p.36.

niveau tant régional qu'international fait apparaître des conventions internationales qui ont une autorité supérieure à celle des lois nationales au sens de l'article 215 de la constitution du 18 février 2006[4].

À ce jour, la poussée du pouvoir réglementaire et l'avancée du droit international rendent plus approprié l'abandon de l'expression du principe de la légalité au profit de celle de principe de la textualité et d'y englober, outre la loi, les textes de nature réglementaire et conventionnelle.

Plusieurs raisons justifient le recul de la loi en faveur des règlements dans le domaine économique, à savoir notamment :

- La technicité de la matière : la loi se borne de fixer des critères et principes généraux car elle n'est pas la norme adaptée à la régulation de la vie économique qui exige des règles souvent techniques ;
- L'interprétation des principes posés par la loi laisse une large place qui conduit à la prolifération de la réglementation ;
- La vie économique est régie par un volume important des textes applicables au marché et relatifs aussi bien aux professionnels qu'aux opérations du marché ;
- Le législateur se garde de fixer un cadre trop rigide dans une matière où il sait que l'innovation est permanente.

Ce caractère réglementaire tend à provoquer, sur le plan des sources formelles, une certaine déjuridicisation du droit. Il a pour intérêt de permettre à l'État d'intervenir d'une manière plus efficace et plus rapide que ne l'aurait fait le

---

[4] Article 215 de la Constitution de la RDC du 18 février 2006 telle que modifiée par la loi n°11/002 du 20 janvier 2011 portant révision de certains articles de la Constitution du 18 février 2006.

législateur dont la procédure est à la fois longue, lourde et lente.

Au plan judiciaire, l'on note le rôle croissant de l'Administration dans le règlement des litiges, la répression des infractions (transaction, amendes administratives, fermeture d'établissement, confiscations d'objets illicites) et son pouvoir discrétionnaire (notamment dans l'octroi des avantages inhérents au système d'économie concertée ou contractuelle).

2. La nécessité d'assainissement des activités économiques par le droit pénal économique

Le secteur économique se développe lorsqu'il y a un certain ordre et une certaine transparence traduite par le respect des normes et principes économiques.

Les opérateurs économiques aiment généralement gagner sans trop dépenser. C'est pour cette raison qu'ils développent généralement beaucoup des mécanismes pour outrepasser la loi.

Pas de croissance sans assainissement des activités économiques en RDC car il faut relever le fait que le coût global de la criminalité économique dépasse de loin le coût engagé par l'État pour booster les activités économiques évoluant dans le secteur formel qui se retrouvent souvent en face à face avec les acteurs évoluant dans le secteur informel plébiscités par plus d'une autorité politico-administrative répondant de services publics étatiques ou paraétatiques.

Assainir les activités économiques revient à donner une chance à l'économie congolaise et même réduire le seuil de pauvreté car la réalité démontre à ce jour que les personnes qui se sont livrées à des pratiques criminelles ont privé l'État des moyens de sa politique au point où certains individus sont plus riches que l'État.

S'ils sont riches aujourd'hui par cette criminalité à col blanc ; il ne semble pas être un péché pour l'État de réclamer à ces personnes ce qui lui revient si les actes pour lesquels, ils sont suspects, se révélaient être vrais en fait et en droit. Si l'assainissement peut alors redonner la chance à l'économie congolaise.

Notons qu'à cet effet, il faut user du pouvoir de répression même si certains disent que les opérateurs économiques dans la plupart des cas, n'aiment pas la sanction pénale mais il est à constater aussi qu'ils préfèrent bien travailler dans un environnement économique sain où règne un ordre institutionnel et un ordre économique.

Il faut préciser que la criminalité économique empêche l'État de contrôler le flux de capitaux, le taux de change instable est en effet le fruit de cette criminalité qui généralement pousse les auteurs à éjecter de la monnaie dans le circuit économique avec l'intention de blanchir les capitaux mal acquis sans suivre les normes du marché.

En effet, il n'est pas normal dans un pays comme la RDC que celui qui travaille et œuvre dans la légalité soit moins rémunéré que celui qui choisit l'illégalité quand on sait que tout opérateur économique investit pour ne pas perdre.

La RDC a adhéré à l'OHADA mais jusqu'à ce jour certains juristes qualifient le Droit apporté par cette organisation comme un droit stérile alors que c'est plutôt le cadre institutionnel qui n'est pas assaini.

En effet, les textes de lois trouvent leur efficacité dans le fait qu'ils sont appliqués sans aucune discrimination à l'égard de tous quel que soit le statut qu'occupe la personne morale ou physique ayant marché en marge de la loi. Les opérateurs économiques recherchent au-delà de la facilité, une sécurité juridique et judiciaire que seuls les textes de loi ne peuvent accorder que si ceux qui sont appelés à les appliquer ne sont pas de bonne foi.

Déjà en 2006, on pouvait lire dans le DSCRP que les populations fustigent la culture d'impunité dans laquelle elles vivent. Cette dernière encourage la corruption, l'injustice et l'exclusion. Cette culture est considérée comme un facteur majeur des souffrances qu'endurent les populations.

« *Des taxes illicites sont créées pour rançonner les commerçants. Ces derniers ne sont jamais informés de la nomenclature des taxes. En conséquence, les percepteurs en profitent pour taxer de manière forfaitaire* »[5].

La criminalité économique est un frein pour le développement tant intégral qu'économique car les institutions favorisant un bon climat des affaires perdent leurs capacités de booster les secteurs rentables de l'économie congolaise.

Il est bien de fustiger la criminalité économique qui est au centre de la pauvreté de la population congolaise et le fait qu'elle soit un frein pour le développement du pays, mais la meilleure chose à faire est celui de présenter les facteurs à la base de cette criminalité astucieuse.

3. Les facteurs à la base de la criminalité économique

La criminalité économique n'est pas incidentielle mais provient d'un certain nombre de facteurs qui se sont au fil du temps inscrits dans le vécu quotidien de la population de

---

[5] DSCRP 2006, Document de la Stratégie de croissance et de réduction de la pauvreté, RDC ; juillet 2016, p.19.

la République Démocratique du Congo. Sur cette liste, il y a lieu de citer notamment :

- ***La pauvreté***
  C'est un facteur très déterminant dans la criminalité économique d'ailleurs bon nombre des criminologues de l'École de Chicago tel que Robert King Merton et Edwin Sutherland la qualifie comme étant un facteur criminogène qui pousse les individus à développer des moyens illégaux pour atteindre les richesses.

- ***L'impunité***
  Quand une règle de droit n'est pas appliquée, elle ne donne pas de raisons d'être respectée car c'est lorsque celle-ci s'applique *erga omnes* qu'elle trouve sa force, car lorsqu'elle est appliquée avec discrimination elle crée de la méfiance et favorise la criminalité décriée.

- ***La circulation incontrôlée des masses monétaires***
  En RDC, la circulation de la monnaie n'est pas bien régulée au point qu'il est facile de blanchir de l'argent sale en RDC que dans un autre pays du monde.

  En RDC, la voie bancaire est une exception tandis que la circulation des liquidités est la règle du jeu économique et monétaire, or l'on sait très bien que l'argent liquide ne laisse généralement des traces que celui qui passe par la voie bancaire.

- ***L'analphabétisme***
  La grande partie de la population congolaise est analphabète et généralement certains opérateurs économiques profitent de ce fait. Il est aussi le cas d'un bon nombre des opérateurs économiques qui pour la plupart ont un niveau d'étude qui laisse à désirer et qui généralement ont du mal à comprendre certaines règles de la comptabilité et de la gestion d'une entreprise,

certains ne savent même pas faire la différence entre le patrimoine de l'entreprise et leurs patrimoines propres.

- ***Le traitement des fonctionnaires de l'État***
  La logique serait que celui qui travaille, puisse manger de ses efforts. En RDC, il est possible qu'un fonctionnaire de l'État meurt pauvre, car travaillant pour la plupart de cas pour le 1/1000 de ce qu'il pourrait recevoir d'un particulier qui voudrait passer par lui pour lui faciliter la commission d'une entorse à la loi.
  Exemple : Quand un fonctionnaire de l'État, OPJ affecté à l'inspection sait qu'à la fin du mois qu'il va toucher 120.000 FC alors qu'il a une famille de 6 enfants, celui-ci peut facilement accepter une somme de 500.000 FC venant un opérateur économique sollicitant de lui un service en défaveur de l'État, son employeur.

- ***La politisation***
  Au sens péjoratif du terme, de la vie économique, le trafic d'influences politiques est l'un des facteurs les plus prépondérants de la criminalité économique.

  Exemple : le cas de la fraude douanière et de l'imposition sur les véhicules automoteurs œuvrant dans le transport où le manque à gagner que subit l'État est occasionné par le fait que les détenteurs de ses moyens sont des répondants de la première catégorie dans l'Administration publique.

- ***Le manque d'éthique et de morale***
  Les opérateurs économiques parfois sont avides de gains qu'ils oublient que les activités économiques n'ont de raisons d'être que lorsque l'homme est pris dans sa dignité. Car c'est facile de voir des gens organiser des fraudes pour des produits pharmaceutiques destinés à la consommation de leurs semblables...

Ce manque d'éthique et de morale caractérise aussi par moment les répondants de l'administration publique et même ceux chargés de l'administration de la justice.

Les facteurs à la base de la criminalité ci-haut cités ne sont pas exhaustifs, mais sont ceux qu'on remarque à coup sûr dans la communauté et qui créent une instabilité criante dans l'économie de la RDC.

4. L'effectivité du droit pénal économique pour l'assainissement des activités économiques

Le problème de la criminalité économique en RDC, comme dit ci-haut, n'est pas lié au manque de textes de loi, mais plus par l'ineffectivité des textes de lois ainsi qu'au caractère très souvent aléatoire des sanctions en Droit pénal spécial économique.

L'effectivité du droit pénal spécial économique va permettre l'État non seulement à instaurer un climat économique stable mais c'est grâce à cet environnement que le secteur économique congolais va connaître la croissance car le droit pénal spécial économique a pour rôle premier de permettre les opérateurs économiques évoluant dans l'informel de migrer vers le formel.

Cette effectivité se résume aussi dans la mise à jour des textes de loi ainsi que la capacité de l'État d'appliquer la loi sans discrimination des auteurs de faits violant les règles impératives de droit des affaires.

Cette notion demande aussi au législateur de prendre en compte la taille et la situation économique des opérateurs économiques dans l'application des sanctions à caractère patrimonial telles que les amendes lorsqu'elles commettent des fraudes qui sont sanctionnées, à peine le salaire de ses dix employés.

Il y a lieu de citer aussi la ribambelle des sanctions aléatoires que comporte le droit pénal économique congolais qui ne rendent pas la tâche facile dans l'application de la sanction.

C'est le cas par exemple du législateur OHADA qui va proposer une liste d'infractions mais sans y accorder de sanctions qui harmonisent le climat des affaires. L'article 5 du traité de Port-Louis dispose « *les actes uniformes peuvent inclure des dispositions d'incrimination pénale. Les États parties s'engagent à déterminer les sanctions pénales encourues* ».

L'aléa provient aussi du fait que certaines sanctions notamment les amendes où il est laissé à l'agent économique une grande manœuvre de transactions pour discuter la fourchette de l'amende.

L'agent économique est pour le plus souvent insensible au fait qu'il n'est pas le maître de l'action publique et malgré le fait pour lui de conclure une affaire par une amende transactionnelle, n'empêche pas le ministère public de réactiver la procédure.

Il est à noter que lorsqu'un OPJ instruit son dossier et que l'opérateur économique accepte de payer l'amende, le dossier doit être transmis à l'officier du ministère public à qui revient le dernier mot.

Généralement, nous avons tendance à croire, que lorsque l'opérateur économique qui a commis une infraction dans l'exercice de son métier et qui a effectivement payé ses amendes au compte du Trésor Public, le dossier ne doit pas être transmis au parquet.

Nous sommes souvent tentés de dire que l'effectivité d'une loi se mesure aussi par sa capacité à ne pas être violée et non par sa capacité à s'appliquer...

5. La charpente de l'ouvrage

Une bonne analyse des infractions économiques passe par la maîtrise de la loi organique n° 18-020 du 09 juillet 2018 relative à la liberté de prix (chapitre I) et à la concurrence (chapitre II), le décret du 1er avril 1959 sur la sauvegarde du pouvoir d'achat des consommateurs, le décret du 26 juillet 1910 relatif à la fabrication et au commerce des denrées alimentaires (chapitre III).

Chapitre I

LES INFRACTIONS À LA FIXATION ET À LA PUBLICITÉ DES PRIX

En République Démocratique du Congo, la loi organique n° 18-020 du 09 juillet 2018 relative à la liberté de prix et à la concurrence fixe les règles applicables à la liberté des prix et à l'organisation de la libre concurrence.

Elle définit les dispositions de protection de la concurrence afin de stimuler l'efficience des relations commerciales. Elle vise aussi à assurer la transparence, la régularité et la loyauté des prix ainsi que la lutte contre les pratiques restrictives et la hausse illicite des prix. Elle a également pour objet le contrôle de la concentration économique et la protection du consommateur.

À cet effet, la loi sus indiquée s'applique à tous les secteurs de l'économie nationale et à toutes les activités de production, de distribution de biens et de services réalisées sur le territoire national par des personnes physiques ou morales, publiques ou privées qu'elles aient ou non leur siège ou des établissements en République Démocratique du Congo, dès lors que leurs opérations ou comportements ont un effet sur la concurrence du marché ou sur une partie substantielle de celui-ci.

Elle s'applique également aux publications et éditions faites par les instituts ou autres organismes de recherche[6].

---

[6] Http : //faolex.fao.org/docs/pdf/cng 187507.pdf consulté le 10 janvier 2023 à 9h 45'.

Même si, en République Démocratique du Congo, la législation des prix comprend des dispositions dont le respect permettrait certainement aux consommateurs d'effectuer leurs achats à des prix connus et convenables. La pratique offre, cependant, un spectacle décevant. D'où la nécessité d'analyser la réglementation des prix à travers le décryptage, tour à tour, des infractions à la fixation des prix (I) et à sa publicité (II).

Section I. LE NON-RESPECT DES RÈGLES DE LA FIXATION DES PRIX

L'appréciation du non-respect des règles de la fixation des prix passe à travers la définition des modalités de fixation des prix (1), de la réglementation des prix (2), du principe de la libéralisation du prix (3) ainsi que de la structure des prix (4).

§1. Les modalités de fixation des prix

Les prix des biens et services sont librement fixés par ceux qui en font l'offre. Ils ne sont pas soumis à homologation préalable mais doivent, après qu'ils aient été fixés, être communiqués, avec le dossier y afférent, au ministre national de l'économie, pour un contrôle *a posteriori*[7].

Le ministre de l'Économie nationale dans ses attributions détermine les modalités de calcul et de fixation des prix ainsi que la marge bénéficiaire maximale autorisée aux commerçants autres que les professions libérales.

Par dérogation à la disposition de l'article 6 ci-dessus, les prix des hydrocarbures et des transports publics sont fixés par le ministre de l'économie nationale tandis que les prix

---

[7] Article 6, 7, 8 ,9, 10 et 11 de la loi organique n°18-020 du 09 juillet 2018 relative à la liberté de prix et à la concurrence.

de l'électricité et de l'eau sont fixés conjointement par les ministres nationaux de l'Économie et de l'Energie. Pour le transport public, il peut déléguer cette compétence aux gouverneurs des provinces.

Sur proposition du ministre de l'économie nationale, le Gouvernement peut, en vue de lutter contre les hausses excessives de prix, réglementer les prix des biens et services lorsque le jeu de la concurrence ne peut plus être maintenu en raison de situations de monopole de fait ou de restriction sévère de l'offre.

Dans une situation de crise, de calamité naturelle ou des circonstances exceptionnelles provoquant ou menaçant de rompre l'équilibre du marché par une désorganisation des capacités d'approvisionnement et de stockage des produits, le Gouvernement peut, sur proposition du ministre national de l'Economie, réglementer les prix des biens et services.

La liberté de fixation des prix de revente des biens et services est garantie. À l'exception du domaine de l'édition pour la vente des livres et de la presse écrite pour la vente des journaux et périodiques, est nulle toute disposition qui impose un caractère minimal au prix de revente d'un produit ou d'un bien, d'une prestation de service ou marge bénéficiaire[8].

La fixation des prix ne résulte pas toujours du seul accord des parties, comme beaucoup peuvent le penser. Les impératifs de la politique économique du gouvernement peuvent inciter les pouvoirs publics à intervenir de manière plus ou moins autoritaire soit en période de pénurie ou d'abondance.

---

[8] Article 11 de la loi organique n°18-020 du 09 juillet 2018.

En période d'abondance, l'État se borne à contrôler ou à surveiller les prix proposés par les opérateurs économiques. Même en cette hypothèse, le pouvoir réglementaire impose à ces derniers des bases de calcul des marges bénéficiaires alors qu'en période de pénurie, les pouvoirs publics recourent volontiers au système de taxation autoritaire notamment par un blocage des prix[9].

§2. La réglementation des prix

La loi organique n° 18-020 du 09 juillet 2018 relative à la liberté de prix et à la concurrence vise à :

- Déterminer les règles de la fixation, de la publicité et du contrôle des prix des produits et services ;
- Réprimer la pratique des prix illicites, les procédés assimilés ainsi que la détention et la rétention non justifiées de stocks ;
- Réglementer l'affichage des prix de revient et les marges bénéficiaires des produits importés et locaux ;
- Organiser enfin la recherche, la constatation et la sanction à la législation des prix.

§3. Le principe de la libéralisation des prix

La liberté de commerce et de l'industrie est garantie en RDC. Elle s'exerce dans le cadre de la liberté de prix et de la libre concurrence conformément à la loi organique susvisée[10]. Ce principe résulte de la combinaison des articles 30 et 35 de ladite constitution[11].

---

[9] MASAMBA MAKELA, *Le droit économique congolais,* Editions Droit et Idées nouvelles, Paris, p.137.

[10] Article 3 et 4 de la loi organique n°18-020 du 09 juillet 2018.

[11] Article 30 et 35 de la Constitution de la RDC du 18 février 2006 telle que modifiée par la loi n°11/002 du 20 janvier 2011 portant révision de certains articles de la Constitution du 18 février 2006.

En effet, l'article 30 de la Constitution dispose : « Toute personne qui se trouve sur le territoire national a le droit d'y circuler librement, d'y fixer sa résidence, de le quitter et d'y revenir, dans les conditions fixées par la loi. Aucun Congolais ne peut être ni expulsé à habiter hors de sa résidence contraint à l'exil, ni être forcé à habiter hors de sa résidence habituelle ».

L'article 35 poursuit en ces termes : « l'État garantit le droit à l'initiative privée tant aux nationaux qu'aux étrangers. Il encourage l'exercice du petit commerce, de l'art et de l'artisanat par les congolais et veille à la protection et à la promotion de l'expertise et des compétences nationales. La loi fixe les modalités d'exercice de ce droit ».

Ce principe signifie que tout le monde peut exercer l'activité commerciale librement dans quelque province que ce soit sous réserve des restrictions prévues par la loi notamment à l'égard des fonctionnaires de l'État, des membres de professions libérales ainsi que de celles qui concernent l'exercice de l'activité commerciale par les incapables (mineurs d'âge, aliénés, etc.).

En dehors de ces restrictions, l'État devrait s'abstenir de mettre des entraves à l'exercice normal du commerce par les membres de la communauté nationale. Toutefois, il y a lieu d'estimer que ce principe n'est pas violé lorsque l'État prend des mesures pour protéger l'industrie nationale ou l'environnement contre toutes sortes de pollutions ou d'atteintes ou encore lorsqu'il accorde des subventions aux entreprises nationales afin de leur permettre d'exporter davantage.

Ainsi donc, la liberté de prix donne le droit à toute personne exerçant une activité économique ou commerciale de fixer le prix de son bien ou service dans les conditions requises dans la loi organique susmentionnée.

Les prix de vente des produits et services sont librement fixés par ceux qui en font l'offre, en se conformant aux dispositions de la loi organique n° 18-020 du 09 juillet 2018 relative à la liberté de prix et à la concurrence.

Ils ne sont pas soumis à l'homologation préalable mais doivent, après qu'ils ont été fixés, être communiqués, avec tout le dossier y afférent, au ministre de l'Economie, pour un contrôle *a posteriori*[12].

Il sied de rappeler que cette libéralisation ne concerne nullement les secteurs stratégiques (eau, électricité, hydrocarbures, transports publics).

À ce niveau, l'opérateur économique est tenu de comptabiliser les charges supportées par les produits à vendre et à les incorporer dans les éléments qui composent le prix de revient d'un produit importé, le prix de revient du grossiste ou du détaillant soit enfin le prix de revient du produit industriel, les marges bénéficiaires, etc.

Après la définition du non-respect des règles relatives à la fixation des prix, l'heure est à la compréhension du non-respect des règles de la publicité des prix.

Section II. LE NON-RESPECT DES RÈGLES DE LA PUBLICITÉ DES PRIX

Tour à tour, il est impérieux d'analyser ici les considérations générales (1), l'intérêt de la publicité des prix (2), l'analyse de quelques infractions aux prix (3).

---

[12] MASAMBA MAKELA, *Le droit économique congolais,* Éditions Droit et Idées nouvelles, Paris, p.139.

§1. Les considérations générales

Parmi les obligations d'information que le législateur a mises à la charge des opérateurs économiques figurent aussi celle de renseigner. La loi organique n° 18-020 du 09 juillet 2018 relative à la liberté de prix et à la concurrence prévoit que le ministre national de l'Economie prescrit[13] :

- L'affichage du prix des produits exposés ou offerts vente ;
- La publication du tarif des prestations offertes au public, à l'exception de celles qui relèvent de l'exercice d'une profession libérale ;
- L'établissement et la remise à l'acheteur ou au client d'une facture détaillée pour toute vente en gros et pour toute vente en détail et toute prestation de service.

C'est en application de cette disposition qu'est intervenue l'obligation d'affichage des prix[14] et de l'établissement des factures[15].

Il résulte de ces dispositions que les commerçants sont tenus d'afficher d'une manière visible, lisible, et non équivoque, le prix de vente en détail de leurs produits.

Cet affichage peut consister en une seule mention lorsqu'elle porte sur des produits de même nature, de même quantité, de même mesure ou forme, groupés au même endroit. L'unité de base doit être indiquée en kilogramme, litre, yard ou mètre ou des multiples ou sous-multiples de ces mesures. Le principe de publicité des prix s'applique

---

[13] Article 16 de la loi organique n°18-020 du 09 juillet 2018.
[14] Article 12 de la loi organique n°18-020 du 09 juillet 2018.
[15] Article 17 de la loi organique n°18-020 du 09 juillet 2018.

aussi à l'exercice du petit commerce, aux prestations de service, etc.

Ainsi, tout vendeur de produit ou tout prestataire de services, à l'exception des prestations offertes par l'exercice d'une profession libérale, est tenu à l'obligation d'informer le consommateur du prix par voie de marquage, d'étiquetage ou par tout autre procédé approprié.

Tout producteur, grossiste, importateur ou prestataire des services est tenu de communiquer à tout revendeur son barème de prix et ses conditions générales de vente. La communication est faite par écrit.
Elle comprend, outre les modalités de règlement, les rabais et ristournes accordés de façon permanente ou occasionnelle ainsi que les actions promotionnelles du distributeur[16].

Toute vente de produits, toute prestation de service pour une activité professionnelle fait l'objet d'une facturation. La facture est délivrée dès la réalisation de la vente ou de la prestation de service. L'acheteur la réclame lorsqu'elle n'est pas spontanément remise.

La facture doit indiquer le nom ou la raison sociale du vendeur, le siège social, le numéro du Registre de Commerce et du Crédit Mobilier, le nom de l'acheteur ou client et la date.

Elle donne toutes spécifications permettant d'identifier la marchandise vendue, la quantité vendue, le prix unitaire, le total par article et le total de la vente pour un bien, d'une part, la nature des prestations fournies, le prix unitaire et la valeur totale pour un service, d'autre part. Les taxes, les

---

[16] Article 13 de la loi organique n°18-020 du 09 juillet 2018.

remises, les rabais et les ristournes accordés y sont également indiqués[17].

La facture est établie suivant une numérotation ininterrompue, par ordre des dates, sans blanc, lacunes, ratures ni surcharges et les copies doivent être reliées périodiquement au moins tous les mois. La présentation des factures d'achat et de la structure de prix à la demande de l'autorité compétente est obligatoire.

Le vendeur est responsable du défaut et des irrégularités de la facture. La seule constatation de la violation d'une disposition légale ou réglementaire implique, dans le chef de son auteur, l'intention coupable.

§2. L'intérêt de la publicité des prix

La publicité des prix (par voie d'affichage) présente un intérêt majeur car elle simplifie le contrôle de la conformité des prix à la politique économique du gouvernement tout en favorisant la transparence du marché et contribuant à stimuler l'esprit critique des consommateurs et la compétition concurrentielle des opérateurs économiques.

Le respect de ces principes permettrait certainement de placer les consommateurs sur un même pied d'égalité quant à l'information sur les prix. Tous seraient protégés contre l'absence ou l'insuffisance d'information sincère[18].

De plus l'affichage des prix les inciterait à comparer les différents prix pratiqués par les commerçants ; elle les amène à réfléchir par rapport à leur pouvoir d'achat avant de s'engager. Cela ne manquerait pas de renforcer la

---

[17] Article 15 de la loi organique n°18-020 du 09 juillet 2018.

[18] MASAMBA MAKELA, *Le droit économique congolais*, Droit et Idées nouvelles, Academia-Bruylant, Paris, p.151.

compétition concurrentielle des opérateurs économiques, compétition dont l'issue aurait la chance de se révéler utile à la protection des consommateurs.

Hormis le non-respect des règles de la fixation et de la publicité des prix, la vie économique et sociale est également perturbée par la prolifération de pratiques commerciales restrictives que pourtant prohibe la loi organique n° 18-020 du 09 juillet 2018 relative à la liberté de prix et à la concurrence. Les spéculations illicites et rétention de stocks, pratique des prix illicites et pratiques assimilées sont devenues monnaie courante[19].

De même, il est interdit le refus de vente ainsi que les techniques de vente subordonnées ou de vente jumelées qui ont parfois fait leur apparition dans nos marchés.

La loi organique n° 18-020 du 09 juillet 2018 réserve au régime répressif relatif aux prix une place de choix. Elle crée un véritable droit pénal économique. En effet, sans mesure de dissuasion, la politique de prix risque de ressembler à une litanie d'intentions.

Un commerçant hésiterait de détenir illicitement les stocks ou pratiquer illicitement les prix, s'il semble que la sanction qu'il pourra encourir risque de mettre sa liberté de mouvement en cause et l'amende à payer d'entamer son fonds de commerce ou son capital social.

Un commerçant consciencieux et averti se conformera à la loi. D'ores et déjà, il convient d'analyser les infractions en matière des prix issues de la loi organique n° 18-020 du 09 juillet 2018, en spécifiant chaque infraction et son régime répressif.

---

[19] MASAMBA MAKELA, *Le droit économique congolais*, Droit et Idées nouvelles, Academia-Bruyllant, Paris, p.152.

§3. L'analyse de quelques infractions relatives aux prix

Les principales infractions prévues par la loi organique n° 18-020 du 09 juillet 2018 sont :

- Les pratiques de prix illicites ;
- Le commerce triangulaire ;
- La rétention de stocks ;
- La détention illicite des stocks ;
- Le défaut de facturation ;
- La non transmission des structures de prix ;
- La non publication des prix et document minimal au prix de revente ;
- Les entraves à l'exercice des agents chargés des affaires économiques.

1. Les pratiques de prix illicites

Il convient d'indiquer que le législateur parle tantôt des pratiques illicites de prix tantôt des pratiques des prix illicites. À notre avis, il s'agit d'une méprise de la part du législateur. Ce qui est illicite et répréhensible, c'est le prix et non pas la pratique.

a. La définition des pratiques de prix illicites

La loi organique n'a pas défini le concept « pratique », il se limite à donner la définition de prix illicite comme un prix supérieur au prix réglementé. Donc, la pratique de prix illicite consiste pour une personne de fixer le prix d'un produit ou prestation de service au-delà de prix réglementé[20].

---

[20] SAKATA TAWAB, *Introduction au droit économique*, Presses Universitaires de Kinshasa, 6ème édition, Kinshasa, 2019, p.118.

b. Les éléments constitutifs de l'infraction des pratiques de prix illicites

- L'élément matériel des pratiques de prix illicites

Plusieurs faits sont coulés en infraction des pratiques de prix illicites[21] :

- La vente de produits ou prestation de service contractée à un prix illicite ;
- Le fait d'acheter un produit, offrir et proposer une prestation de service à un prix illicite ;
- La vente ou offre de vente et tout achat ou offre d'achat comportant, sous quelque forme que ce soit, une prestation occulte ;
- Une prestation de service, offre de services comportant sous quelque forme que ce soit, une rémunération occulte.

- L'élément moral des pratiques de prix illicites

Pour que cette infraction soit retenue, il ne suffit pas seulement de poser le fait prohibé mais aussi d'avoir l'intention ou la volonté de commettre l'acte illégal. Ce qui signifie que l'auteur de cette infraction doit avoir conscience qu'il tirera à l'issue de son acte un indu.

- Les sanctions des pratiques de prix illicites

Le législateur congolais a élargi la sanction que peut encourir l'auteur de la pratique des prix illicites. Hormis la sanction du droit commun dite sanction classique, la loi prévoit deux types de sanctions, l'une classique et l'autre « *sui generis* ».

Du point de vue de la *sanction classique*, l'auteur de la pratique des prix illicites est punie d'une peine

---

[21] Article 25 de la loi organique n°18-020 du 09 juillet 2018.

d'emprisonnement de 6 mois au maximum et d'une amende qui ne dépasse pas 100 millions de francs congolais, ou l'une de ces peines seulement[22].

Est puni de la même peine quiconque intervient dans la distribution de produits et qui ne remplit pas, en ce qui concerne l'opération envisagée, une des conditions suivantes :

- S'approvisionner directement chez le producteur ou l'importateur ;
- Vendre directement au consommateur.

Est puni d'une servitude pénale de 15 jours à 3 ans et d'une amende de dix millions à cent millions de Francs congolais ou l'une de ces peines seulement celui qui[23] :

- Par des moyens frauduleux quelconques, aura opéré ou tenté d'opérer, maintenu ou tenté de maintenir la hausse ou la baisse anormale du prix des biens et services ;
- Même sans l'emploi de moyens frauduleux aura volontairement opéré, maintenu ou tenté de maintenir sur le marché national la hausse ou la baisse anormale du prix des biens et services, soit par des interdictions ou des conventions ayant pour objet la détermination de prix minima ou maxima de vente, soit par des restrictions à la production et à la libre circulation des produits.

Le juge de fond apprécie le caractère anormal de la hausse ou de la baisse du prix visée au présent article.

---

[22] Article 64 de la loi organique n°18-020 du 09 juillet 2018.

[23] Article 65 de la loi organique n°18-020 du 09 juillet 2018.

En cas d'infraction de pratique illicite des prix ou de maintien frauduleux de la hausse ou de la baisse des prix, le tribunal compétent peut en outre[24] :

- Condamner le contrevenant à payer la somme correspondant au bénéfice indûment réalisé (*lucrum cessans et damnum emergens*) ;
- Prononcer la fermeture de l'établissement pour une durée n'excédant pas six mois.

La décision de condamnation est publiée intégralement ou par extrait, aux frais du condamné dans les journaux qu'il désigne.

2. Le commerce triangulaire

a. La définition du commerce triangulaire

Le commerce triangulaire consiste, pour un opérateur économique de se créer artificiellement une place sur le circuit de distribution afin de réaliser des bénéfices indus.

Exemple
Monsieur AXEL BOFOE est un commerçant importateur de poissons frais. Le fournisseur est une firme hollandaise installée à Amsterdam. Au lieu de s'approvisionner directement en Hollande, Monsieur AXEL BOFOE préfère passer par un ami, intermédiaire angolais nommé NOLHAN BOFOE qui s'approvisionne également auprès de la firme hollandaise. Ainsi, l'opérateur économique qui crée une place artificielle dans ce circuit est Monsieur NOLHAN BOFOE.

Cette opération est triangulaire et prohibée parce qu'elle a pour conséquence d'augmenter les prix auprès des consommateurs.

---

[24] Article 66 de la loi organique n°18-020 du 09 juillet 2018.

b. Les éléments constitutifs de l'infraction de commerce triangulaire

- L'élément matériel du commerce triangulaire

Pour parler de commerce triangulaire, il faut que l'auteur soit opérateur économique. Cet opérateur économique doit se créer frauduleusement une place le circuit de distribution soit s'introduire pour occuper une place dans le marché économique.

- L'élément moral du commerce triangulaire

L'opérateur économique doit avoir agi sciemment en connaissant le caractère culpeux de son acte en vue de recevoir les bénéfices indus.

- La sanction du commerce triangulaire

L'auteur du commerce triangulaire est passible d'une peine d'emprisonnement de six mois au maximum et d'une amende qui ne dépasse pas cent millions de francs congolais, ou l'une de ces peines seulement[25].

3. La rétention des stocks

a. La définition de la rétention des stocks

La loi organique sus évoqué[26] définit la rétention des stocks comme le fait pour un producteur ou un commerçant, de différer la mise en œuvre des matières premières ou des produits finis ou de conserver un stock des produits destinés à la vente supérieure au stock normal.

[25] Article 64 de la loi organique n°18-020 du 09 juillet 2018.

[26] Article 5 point 15 de la loi organique n°18-020 du 09 juillet 2018.

b. Les éléments constitutifs de la rétention des stocks

- L'élément matériel de la rétention des stocks

L'auteur de cette infraction doit être un commerçant ou un producteur. Il doit en outre différer la mise en œuvre des matières premières ou de produits semi-finis. Il doit conserver un stock de produits destinés à la vente supérieure au stock normal.

- L'élément moral de la rétention des stocks

L'auteur doit avoir la volonté de commettre l'acte matériel réprimé par la loi.

- La sanction de la rétention des stocks

L'auteur de la rétention des stocks est passible d'une peine d'emprisonnement de 3 mois au maximum et d'une amende de 1 million à 100 millions de francs congolais, ou de l'une de ces peines seulement[27].

4. La détention illicite des stocks

a. La définition de la détention illicite des stocks

La détention illicite des stocks est le fait pour un opérateur économique de conserver ou de posséder un stock ou des stocks pour une utilisation future dans le cadre de ses activités[28].

b. Les éléments constitutifs d'infraction de détention illicite des stocks

- L'élément matériel de détention illicite des stocks

---

[27] Article 70 de la loi organique n°18-020 du 09 juillet 2018.
[28] Article 5 point 5 de la loi organique n°18-020 du 09 juillet 2018.

L'auteur doit être un opérateur économique. Il doit avoir conservé ou possédé un stock ou des stocks pour une utilisation future dans le cadre de ses activités. Les stocks doivent représenter une quantité suffisante susceptible d'influencer le marché dudit produit ou en provoquer la pénurie.

- L'élément moral de détention illicite des stocks

Pour retenir un tel fait comme infraction de détention illicite des stocks, l'opérateur économique doit avoir la volonté délibérée de provoquer la pénurie.

- La sanction de détention illicite des stocks

L'auteur de la détention illicite des stocks est passible d'une peine d'emprisonnement de 3 mois au maximum et d'une amende de dix millions à cent millions de francs congolais, ou de l'une de ces peines seulement[29].

5. Le défaut de facturation

a. La définition du défaut de facturation

La loi organique n'a pas défini ce que l'on peut entendre par défaut de facturation. L'on peut considérer que c'est le fait de refuser d'établir ou de remettre la facture à un client ou à l'acheteur à la suite d'une vente.

b. Les éléments constitutifs du défaut de facturation

- L'élément matériel du défaut de facturation

L'article 14 de la loi organique[30] dispose que, toute vente des produits, toute prestation de service pour une activité professionnelle fait l'objet d'une facturation et l'acheteur

[29] Article 70 de la loi organique n°18-020 du 09 juillet 2018.
[30] Article 14 de loi organique n° 18-020 du 09 juillet 2018.

doit la réclamer lorsqu'il ne l'a pas reçue. Le refus de remettre la facture à l'acheteur lors d'une vente ou remise d'une facture contenant des irrégularités constitue l'élément matériel du défaut de facturation.

- L'élément moral du défaut de facturation

Cette infraction revêt un caractère formel dans la mesure où seule la constatation de la violation de la disposition qui l'incrimine.

- La sanction du défaut de facturation

L'auteur est passible d'une peine d'amende qui ne peut dépasser 15 millions de francs congolais.

6. La non transmission des structures de prix

Dans le cadre de la politique de liberté de fixation des prix, le ministre de l'Économie assure un contrôle *a posteriori*. Pour mieux assurer cette fonction, il est demandé à l'opérateur économique de transmettre au ministre de l'Économie nationale la structure des prix adoptée par lui. Le fait de ne pas transmettre la structure des prix constitue une infraction. Cependant, le législateur est resté muet quant à la peine appliquée.

7. La non publication des prix et documents commerciaux

Il s'agit d'une infraction qui enfreint les règles de transparence et de loyauté. Il est obligatoire de publier les tarifs des prestations offertes au public ainsi que l'affichage des prix des produits exposés en vente.

De même, tout producteur, grossiste ou importateur est tenu de communiquer à tout revendeur son barème de prix et ses conditions générales de vente.

Le fait de ne pas publier ses tarifs et prix constitue une infraction. Il est surprenant que le législateur n'ait pas prévu de sanction à appliquer à cette infraction.

8. La revente à perte et l'imposition du prix minimal au prix de revente

a. La définition de la vente à perte

Le fait pour un opérateur d'acheter un produit à X prix, après avoir incorporé des charges diverses et la marge bénéficiaire mais il revend le même produit à un prix inférieur au prix de revient constitue infraction de revente à perte.

b. Les éléments constitutifs de la revente à perte

- L'élément matériel de la revente en perte

La revente à perte est admise lorsqu'il s'agit des :

- Produits périssables menacés d'altération rapide ;
- Produits saisonniers lorsque la vente a lieu en fin de saison concernée ;
- Produits ne répondant plus à la demande générale à cause de l'évolution de la mode ou de l'apparition des perfectionnements techniques ;
- Produits dont le réapprovisionnement s'est effectué en baisse ;
- Produits dont le prix de vente est aligné sur le prix légalement pratiqué pour les mêmes produits par un commerçant dans la même zone ;
- Ventes à solde réglementaires de fin de saison et limitées dans le temps ;
- Ventes volontaires ou forcées motivées par la cessation ou le changement d'une activité commerciale.

- L'élément moral de la revente à perte

L'infraction de la revente à perte est établie, sans considération de l'intention frauduleuse de la revente en dessous du prix minimum. Donc, la matérialité des faits suffit pour que la poursuite soit engagée et que l'auteur soit poursuivi.

- La sanction de la revente à perte

Cette infraction est punie d'une amende de 10 millions à 100 millions de francs congolais[31]. Toutefois, l'imposition d'un prix minimum de revente des produits, à l'exception du domaine d'édition, constitue une infraction punissable d'une amende de 10.000.000 à 50.000.000 FC.

9. Les entraves à l'exercice des agents chargés des affaires économiques

a. La définition des entraves d'exercice

C'est le fait d'empêcher un agent économique d'exercer librement sa fonction. L'empêchement ou l'entrave volontaire à l'exercice des fonctions consiste à refuser de fournir les renseignements ou de communiquer les documents demandés ou encore de fournir sciemment des renseignements ou documents inexacts.

b. Les éléments constitutifs de l'infraction d'entraves à l'exercice des agents chargés des affaires économiques

- L'élément matériel d'entraves à l'exercice des agents chargés des affaires économiques

Les agents des affaires économiques sont qualifiés principalement pour rechercher les infractions à la législation des prix, les empêcher d'exercer librement leur fonction est constitutif d'une infraction.

---

[31] Article 69 de loi organique n° 18-020 du 09 juillet 2018.

- L'élément moral d'entraves à l'exercice des agents chargés des affaires économiques

L'intention coupable est requise dans le chef de l'auteur de cette infraction par le fait de vouloir empêcher ou entraver volontairement un agent économique dans l'exercice de ses fonctions.

- La sanction d'entraves à l'exercice des agents chargés des affaires économiques

Est punie d'une amende qui ne dépasse pas 100 millions de francs congolais, toute entrave ou tout empêchement volontaire à l'exercice des fonctions des agents chargés des affaires économiques en mission[32].

§4. Les organes compétents en matière d'infractions sur les prix

Quelles sont les personnes qui sont susceptibles de faire mouvoir l'action publique en cas de commission d'une infraction relative aux prix ?

On peut citer principalement :

- Toute personne lésée ou informée ;
- Les agents chargés des affaires économiques ;
- L'officier du Ministère public ;
- Certaines commissions spéciales.

1. Toute personne lésée ou informée

Tout citoyen est tenu de garantir le respect de la loi. À ce titre, toute personne qui est informée de la violation d'une disposition législative sur les prix peut déposer une plainte ou une dénonciation auprès de l'Officier de police judiciaire ou de l'Officier du Ministère public. Il peut également saisir

---

[32] Article 62 de la loi organique n° 18-020 du 09 juillet 2018.

directement le tribunal par voie de citation directe pour solliciter le respect de la loi violée.

2. Les agents chargés des affaires économiques

Ce sont les agents des affaires économiques qui sont principalement qualifiés pour rechercher les infractions à la législation des prix. Ils peuvent procéder aux enquêtes relatives à la fixation des prix les agents des affaires économiques commissionnés à cet effet par le ministre national de l'Économie.

Ces agents n'ont cependant pas le monopole de cette prérogative, les inspecteurs judiciaires à compétence générale, sous l'autorité du parquet, exercent également cette compétence.

Pour réaliser avec efficacité leurs contrôles, ils peuvent pénétrer, entre 5 h et 21 h, dans des dépôts, entrepôts privés, fabriques, usines, magasins, débits et, en général, en tous lieux où des produits sont détenus à des fins industrielles, commerciales ou spéculatives, exposés ou mis en vente.

Si les lieux sont ouverts au public, ils peuvent y pénétrer même en dehors des heures fixées ci-dessus ; ils peuvent également se faire produire à première réquisition, ou rechercher tous documents, pièces ou livres utiles à l'accomplissement leur mission, notamment les documents officiels, les documents de transport, les correspondances et livres commerciaux.

De même, ils peuvent demander communication, à toute entreprise et à tout commerçant, des documents qu'ils détiennent relatifs à leur activité ainsi que toute justification des prix pratiqués et la décomposition de ces prix en leurs différents éléments procéder à toute visite d'établissements commerciaux, industriels, agricoles ou artisanaux ; exiger copie des documents qu'ils estiment nécessaires à l'accomplissement de leur mission.

Lorsque l'agent des affaires économiques constate l'infraction, il dispose d'un mandat tacite de la part de son ministre de transiger ou de transmettre le dossier au parquet.

Si l'agent des affaires économiques choisit la voie transactionnelle, l'opérateur économique poursuivi paie une amende transactionnelle au profit du Trésor public et le dossier est transmis au parquet pour classement. Dès lors, l'action publique est éteinte.

3. Le Ministère public

L'officier du ministère public est le chef de tous les officiers de police judiciaire, des officiers publics et des officiers ministériels, en ce compris les agents des affaires économiques qui sont des officiers de police judiciaire à compétence restreint.

À ce titre, il veille au maintien de l'ordre et recherche les infractions qui sont commises sur le territoire de la République.

Il reçoit les rapports et procès-verbaux des agents économiques. Il classe les dossiers pour lesquels il y a eu transaction et transmet au tribunal ceux qu'il juge nécessaire en vue d'un jugement. Son rôle est central et prépondérant dans la répression des infractions économiques.

4. Les commissions spéciales

À côté des organes ci-haut cités, il y a lieu d'ajouter aussi la Commission de la police économique et la Commission de la concurrence.

a. La commission de la police économique[33]

La commission de la police économique a pour mission de veiller de manière permanente au respect de la législation économique et commerciale par les opérateurs économiques, qu'ils soient producteurs industriels, producteurs de services ou commerçants grossistes ou détaillants.

Elle procède ou fait procéder à toutes enquêtes et inspections qu'elle juge utiles à l'accomplissement de sa mission, fait rapport de ses constatations au gouvernement et lui propose les voies et moyens qu'elle juge appropriés pour assurer le respect des lois et règlements relatifs au commerce.

Elle est chargée des enquêtes et inspections et en général, de la collecte de toutes données et informations utiles à l'accomplissement de sa mission. Elle peut inviter à ses discussions, toute personne ou tout organisme susceptible de lui apporter sa collaboration.

b. La commission de la concurrence

Cette commission joue le rôle de régulateur du marché et de protection des consommateurs. Telle qu'annoncée dans l'exposé de ses motifs, la loi organique n° 18/020 du 09 juillet 2018 couvre les principales problématiques relatives au fonctionnement du marché : transparence et loyauté des prix (et ce faisant, protection du consommateur), prohibition de la pratique des prix illicites, de la concurrence déloyale, des pratiques anticoncurrentielles, contrôle des pratiques restrictives de

[33] Ordonnance n° 83-178 du 28 septembre 1983 portant création de la Commission de la police du commerce.

concurrence et des opérations de concentration économique.

Section III. LA RECHERCHE ET CONSTATATION DE L'INFRACTION DE PRIX ILLICITES

La recherche et la constatation des infractions à la législation des prix constituent donc une phase administrative, qui aboutit le cas échéant à l'élaboration d'un procès-verbal de constat.

Cette procédure doit cependant être contradictoire. L'opérateur économique ne peut contresigner un procès-verbal fantaisiste ou mensonger, dressé manifestement pour le rançonner ou l'intimider. L'opérateur économique doit pouvoir présenter ses moyens de défense et apporter toute information de nature à justifier sa politique des prix. Le procès-verbal doit consigner toutes ces observations.

Enfin, la transaction met fin à la procédure administrative en cours et, en principe, emporte engagement de l'autorité administrative de ne pas enclencher l'action publique car elle équivaut à une renonciation implicite à toute velléité de transmettre le dossier au parquet.

Toutefois, le Ministère public peut décider de poursuivre cette action. Mais, en pareille circonstance, l'autorité administrative est dessaisie du dossier et la procédure demeure strictement judiciaire.

Notons que la transaction ne constitue nullement reconnaissance des faits par l'opérateur économique verbalisé conformément à l'article 9 du code de procédure pénale.

Section IV. LA POURSUITE ET RÉPRESSION DES INFRACTIONS DE PRIX ILLICITES

La loi organique n° 18-020 du 09 juillet 2018 relative à la liberté de prix et à la concurrence organise la poursuite et la répression de la pratique des prix illicites, tout en s'accommodant à des règles et procédures de droit commun.

§1. La poursuite de l'infraction

Muni du procès-verbal constatant la pratique de prix illicites, le ministre de l'Économie donnera aux agents inspecteurs qui relèvent de son autorité toutes directives qu'il juge opportunes en choisissant entre deux voies : la voie transactionnelle ou la voie judiciaire.

§2. La voie transactionnelle

Conformément au droit commun, une transaction peut mettre un terme à la procédure administrative. Encore faudrait-il qu'elle résulte d'un véritable accord, produit d'une négociation.

§3. La voie judiciaire

Les inspecteurs de l'économie, en qualité d'officier de police judiciaire à compétence restreinte, peuvent décider en cas d'échec de la transaction de transmettre le dossier au parquet aux fins de poursuites judiciaires. Dans ce cas, la procédure devient exclusivement judiciaire.

§4. Le Tribunal compétent

Le tribunal compétent en cas de commission d'une infraction relative au prix est le tribunal de commerce quel que soit le taux de la peine à appliquer. Là où il n'y a pas encore de tribunaux de commerce, c'est le tribunal de paix ou de grande instance qui est compétent selon le taux de la peine à appliquer.

Le tribunal de commerce est seul compétent pour prononcer la sanction qui lui paraît adéquate, soit de :

- Condamner le contrevenant à payer une somme correspondant au bénéfice réalisé ou à la hausse illicite des prix ;
- Prononcer la fermeture de l'établissement pour une durée n'excédant pas 6 mois ;
- Ordonner que la décision de condamnation soit publiée intégralement par extrait, aux frais du condamné, dans les journaux qu'il désigne.

Enfin, en vertu de l'article 64 de la loi organique[34] précitée, qui renvoie à l'article 25 du même texte, le contrevenant peut être condamné à une peine de servitude pénale de 6 mois au maximum et d'une amende qui ne dépasse pas 1.000.000 FC, ou l'une de ces peines seulement.

De toute évidence un effort d'adaptation s'impose, de même qu'un temps de tolérance, pour passer du laxisme antérieur (inertie administrative, désorganisation des systèmes de contrôle, immoralisme ambiant dans la sphère des agents publics, dysfonctionnement de l'appareil judiciaire) à une ère de rigueur sans faille. La quasi-absence de jurisprudence en ce domaine constitue, à cet égard, un signe on ne peut plus éloquent.

---

[34] Article 64 de la loi organique n°18-020 du 09 juillet 2018.

Chapitre II

LES INFRACTIONS À LA CONCURRENCE EN DROIT CONGOLAIS

La liberté du commerce et de l'industrie permet à tout commerçant d'attirer vers ses établissements la clientèle d'un concurrent car celle-ci (clientèle) est en effet composée d'hommes libres. Il appartient donc à chaque commerçant de se montrer dynamique et d'offrir des conditions de vente avantageuses pour triompher dans cette lutte pour la clientèle.

Ce principe de liberté de commerce et de l'industrie implique celle d'entreprendre ou non le commerce, de faire le commerce de son choix, de s'installer là où l'on veut, de choisir librement ses partenaires tout comme celle de mettre fin à son exploitation commerciale sont consacrés aux articles 30 et 35 de la Constitution de la RDC[35].

Comme toute liberté connaît des limites en droit, la compétition concurrentielle obéit également à certains principes dominés par la notion de loyauté et d'une manière générale, seuls les procédés conformes aux usages honnêtes sont tolérés.

---

[35] Articles 30 à 35 de la Constitution du 18 février 2006 telle que modifiée par la loi n°11/002 du 20 janvier 2011 portant révision de certains articles.

En droit congolais, il existe deux types de dispositions qui garantissent la loyauté de la concurrence. Il y a d'abord la loi organique n° 18/020 du 9 juillet 2018 relative à la liberté de prix et à la concurrence qui institue la théorie de la concurrence déloyale et le décret du 30 juillet 1888 portant des contrats ou obligations conventionnelles.

Il y a concurrence déloyale lorsque par un acte contraire aux usages honnêtes en matière commerciale ou industrielle, un commerçant, un producteur, un industriel, ou un artisan porte atteinte au crédit d'un concurrent, ou lui enlève sa clientèle, ou d'une manière générale porte atteinte à sa capacité de concurrence.

Ensuite, la victime d'un acte de concurrence déloyale peut également exercer une action en responsabilité civile sur base des articles 258 et 259 du code civil livre III. Cette action permet d'obtenir la réparation du préjudice causé par un acte fautif ou imprudent.

Mais l'aspect dissuasif de la loi organique sus indiqué emporte sur celui qui est attaché aux articles 258 et 259 du CCLIII (réparation).

L'article 258 du code des obligations[36] dispose que « Tout fait quelconque de l'homme, qui cause à autrui un dommage, oblige celui par la faute duquel il est arrivé à le réparer » alors que l'article 259 du même code[37] renchérit que « chacun est responsable du dommage qu'il a causé, non seulement par son fait, mais encore par sa négligence ou par son imprudence ».

---

[36] Article 258 du décret du 30 juillet 1888 relatifs aux contrats ou des obligations conventionnelles. (B.O., 1888, p. 109).

[37] Article 259 du décret du 30 juillet 1888.

En effet, cette loi organique est assortie des sanctions pénales (amendes et servitudes pénales) applicables en cas des manquements aux injonctions du juge et en cas de récidive.

Il sied alors d'analyser, tour à tour, les infractions à la concurrence déloyale (I) et les moyens de faire obstacle à la concurrence déloyale (II).

Section I : LES INFRACTIONS DE LA CONCURRENCE DÉLOYALE

Quatre points essentiels méritent d'être analysés à ce niveau, à savoir : l'économie des infractions à la concurrence (1), l'analyse de quelques infractions à la concurrence déloyale (2) ainsi que la saisine et note particulière sur la commission de concurrence (3).

§1. L'économie des infractions à la concurrence

La concurrence déloyale est constituée des faits pour un commerçant, un producteur industriel ou un artisan de :

- Porter atteinte, par un acte contraire aux usages honnêtes en matière commerciale ou industrielle, au crédit d'un concurrent.
- Porter atteinte d'une manière générale à sa capacité de concurrence et de lui enlever sa clientèle.

Au sens de l'article 41 de la loi organique sus visé[38], sont constitutifs de la concurrence déloyale les actes ci-après :

- Le dénigrement ;
- La désorganisation de l'entreprise rivale par des procédés commerciaux illégitimes ;
- L'utilisation illégitime de la réputation d'autrui ;

[38] Article 41 de la loi organique n° 18-020 du 09 juillet 2018.

- La vente avec prime ;
- La vente avec boule de neige.

Le dénigrement porte sur la personne du concurrent, les produits, les services ou sur l'entreprise elle-même. La personne, le produit ou le service visé par le dénigrement doit être nommément désigné ou à tout le moins aisément identifiable[39].

La désorganisation de l'entreprise rivale consiste à l'affaiblir en portant atteinte à ses moyens de production ou de commercialisation par des procédés commerciaux illégitimes notamment[40] :

- La divulgation de secret de fabrication ;
- L'atteinte au savoir-faire ;
- Le débauchage du personnel ;
- Le détournement des commandes ;
- L'entrave à la publicité ;
- La pratique des prix d'appel lorsque celui-ci s'accompagne de tromperie ou du dumping ;
- Le couponnage électronique ;
- L'utilisation de la marque d'autrui à titre de promotion ;
- La méconnaissance d'une convention d'exclusivité.

*L'utilisation de la réputati*on d'autrui pour conquérir et conserver une clientèle est illégitime lorsqu'elle est basée sur[41] :

- L'imitation servile ;
- La concurrence parasitaire ;
- Les agissements parasitaires.

---

[39] Article 42 de la loi organique n°18-020 du 09 juillet 2018.
[40] Article 43 de la loi organique n°18-020 du 09 juillet 2018.
[41] Article 44 de la loi organique n°18-020 du 09 juillet 2018.

L'imitation servile tendant à créer la confusion sur les produits, la présentation des produits, les signes distinctifs, les emballages, le nom commercial et la publicité est constitutive d'une concurrence déloyale.

La bonne foi de l'auteur de l'imitation consistant en l'ignorance de l'existence du produit ou l'absence d'une intention de créer la confusion n'est pas un fait justificatif de la concurrence déloyale qui en résulte.

L'imitation est un acte de concurrence déloyale lorsque le signe distinctif ou la marque imitée ne fait pas l'objet d'un droit privatif ouvrant droit à une protection par une action en contrefaçon.

L'action en protection du signe distinctif ne peut être cumulée avec l'action en concurrence déloyale que si l'utilisation du signe distinctif est assortie des circonstances détachables qui le justifient.

Est constitutif d'actes de concurrence déloyale pour concurrence parasitaire, le fait pour[42] :

- Quiconque de se placer dans le sillage d'un concurrent pour exploiter le même type de clientèle en créant la confusion qui lui permet de détourner à son profit une clientèle ;
- Une entreprise, en l'absence d'une concurrence entre deux entreprises, de créer la confusion sur l'origine des produits, par dérogation au principe de la spécialité des marques, en vue d'acquérir une clientèle sans effort particulier.

[42] Article 47 de la loi organique n° 18-020 du 09 juillet 2018.

§2. L'analyse de quelques infractions à la concurrence déloyale

1. Les pratiques anticoncurrentielles

En droit congolais, la loi organique n° 18/020 du 09 juillet 2018 relative à la liberté des prix et à la concurrence prohibe les pratiques qui violent de manière pernicieuse les droits des consommateurs ou annihilent leur libre choix.

Parmi ces pratiques, on compte les ventes à prix illicites, les ventes subordonnées, les ventes à prime ainsi que les ventes à boules de neige.

a. Les ventes à prix illicites

- La base légale des ventes à des prix illicites

Les ventes à prix illicites sont prévues à l'article 25 de la loi organique n° 18-020 du 09 juillet 2018 relative à la liberté de prix et à la concurrence[43].

- Les éléments matériels des ventes à des prix illicites

Un prix est illicite lorsqu'il est supérieur ou inférieur aux prix normaux. Est qualifié d'anormal, le prix qui entraîne la réalisation d'un bénéfice anormal lequel peut être supérieur ou inférieur. On vise tout autant les ventes à pertes que les ventes à intérêts exorbitants.

Les prix illicites supérieurs aux prix normaux visent à protéger en premier le consommateur, ceux inférieurs aux prix normaux tend davantage à protéger les opérateurs économiques contre la concurrence déloyale.

---

[43] Article 25 de la loi organique n°18-020 du 09 juillet 2018.

Le fait que le législateur n'a pas assoupli la règle des prix illicites en l'assortissant des exceptions pose quelques problèmes.

Qu'en sera-t-il des produits susceptibles d'une détérioration rapide et dont aucun moyen de conservation n'est plus possible ? Ou encore des produits de mode dont l'événement ou l'engouement éphémère risquent de passer si l'on écoule lesdits produits (ce serait le cas des accoutrements vendus aux étudiants et élèves à l'occasion de leur collation des titres académiques ou scolaires).

Est considérée comme vente à des prix illicites au sens de l'article 25 de la loi organique sus indiquée le recours ou non à des moyens frauduleux quelconques aux fins d'opérer ou tenter d'opérer, de maintenir ou tenter de maintenir la hausse ou la baisse anormale du prix des biens et services soit par des interdictions ou des conventions ayant pour objet la détermination de prix minima ou maxima de vente, soit par des restrictions à la production et à la libre circulation des produits.

- La sanction aux ventes aux prix illicites

Est puni d'une servitude pénale de 15 jours à 3 ans et d'une amende de dix millions à cent millions de Francs congolais ou l'une de ces peines seulement[44].

b. Les ventes subordonnées

- La base légale des ventes subordonnées

Les ventes subordonnées sont prévues à l'article 25 de la loi organique n° 18-020 du 09 juillet 2018 relative à la liberté de prix et à la concurrence[45]. Ces ventes subordonnées sont

---

[44] Article 65 de la loi organique n°18-020 du 09 juillet 2018.

[45] Article 25 de la loi organique n°18-020 du 09 juillet 2018.

donc des restrictions à la libre circulation des biens en subordonnant la vente d'un bien concomitamment avec la vente d'un autre bien.

- Les éléments matériels des ventes subordonnées

Il est interdit aux commerçants de vendre ou d'offrir en vente les produits et les prestations de services subordonnés à l'échange d'autres produits ou services.

En effet, le commerçant attire souvent la clientèle en offrant un produit ou un service à l'occasion de l'acquisition d'autres produits ou services.

Ce type de vente est parfois qualifié d'offres conjointes ou jumelées. Souvent, il s'agit des produits qui connaissent une mévente et que le commerçant cherche par tous les moyens à écouler. Ce serait le cas lorsque le commerçant impose aux clients désirant obtenir une remise sur des bouteilles de whisky à acheter préalablement des chaises en plastique. Ce qui en définitive pousse le consommateur à effectuer un achat contre son gré.

Est considérée comme ventes subordonnées au sens de l'article 25 de la loi organique sus évoquée l'imposition de la vente ou achat simultané de deux ou plusieurs produits.

- La sanction des ventes subordonnées

Les ventes subordonnées sont punies d'une servitude pénale de 15 jours à 3 ans et d'une amende de dix millions à cent millions de Francs congolais ou l'une de ces peines seulement[46].

---

[46] Article 65 de la loi organique n°18-020 du 09 juillet 2018.

c. Les ventes à prime

- La base légale des ventes à prime

Les ventes à prime sont prévues à l'article 25 de la loi organique n° 18-020 du 09 juillet 2018 relative à la liberté de prix et à la concurrence[47]. Ces ventes à prime sont donc des restrictions à la libre circulation des biens en subordonnant la vente d'un bien concomitamment avec la vente d'un autre bien ou avec un bonus.

- Les éléments matériels des ventes à prime

Une vente à prime est celle qui consiste à offrir au client un produit complémentaire. Il n'existe aucun problème lorsque le bien donné gratuitement a un lien avec le produit acheté. Ce sera le cas de l'octroi d'un stylo à l'achat des cahiers ; d'un tire-bouchon à l'achat des bouteilles de vin ou de bières.

On devra par contre interdire l'offre gratuite d'un appareil de photo à l'achat d'une chemise en sachant que le dit appareil fait partie du fonds de commerce du commerçant voisin de l'offre gratuite d'une montre à l'achat des marchandises d'une valeur d'au moins 100.000 FC. Il a été jugé qu'est illicite :

- L'offre d'une assurance-accident gratuite à la souscription d'un abonnement à une revue[48] ;
- L'offre gratuite d'un réveil à l'achat des produits d'une valeur de 2.000 FC[49].

[47] Article 25 de la loi organique n°18-020 du 09 juillet 2018.
[48] Prés. Comm. Liège, 2 janvier 1973, J.C.B., 1973, p. 112
[49] Prés. Comm., Bruxelles, 4 février 1974. J.C.B . 1974. p. 390.

Est considérée comme ventes à prime au sens de l'article 25 de la loi organique sus évoquée l'imposition de la vente ou achat simultané de deux ou plusieurs produits et ou avec bonus.

- La sanction des ventes à prime

La vente à prime est punie d'une servitude pénale de 15 jours à 3 ans et d'une amende de dix millions à cent millions de Francs congolais ou l'une de ces peines seulement[50].

d. Les ventes en boule de neige

- La base légale des ventes en boule de neige

Les ventes en boule de neige sont prévues à l'article 25 de la loi organique n° 18-020 du 09 juillet 2018 relative à la liberté de prix et à la concurrence[51]. Ces ventes en boule de neige sont donc des restrictions à la libre circulation des biens en subordonnant des conditions supplémentaires lors d'une vente.

- Les éléments matériels des ventes en boule de neige

Les ventes en boule de neige consistent à offrir à un acheteur la gratuité de son achat à condition qu'il place lui-même auprès des tiers un certain nombre de nouvelles demandes. C'est une sorte de vente en chaîne où seul le premier client trouve son compte.

Ce serait le cas lorsqu'il est proposé à un client d'une société de télécommunication le bénéfice d'autant d'unités s'il parvient à faire abonner autant de personnes à son réseau.

---

[50] Article 65 de la loi organique n°18-020 du 09 juillet 2018.
[51] Article 25 de la loi organique n°18-020 du 09 juillet 2018.

- La sanction des ventes en boule de neige

Les ventes en boule de neige sont punies d'une servitude pénale de 15 jours à 3 ans et d'une amende de dix millions à cent millions de Francs congolais ou l'une de ces peines seulement[52].

2. Les pratiques contraires aux usages honnêtes entre commerçants

a. La confusion

Au sens du droit de la concurrence, il y a confusion lorsque le concurrent tente de profiter du succès de son rival en procédant à l'imitation des signes distinctifs qui désignent celui-ci ou ses produits ou de manière générale l'organisation de son entreprise.

La confusion peut donc résulter de la ressemblance, soit du nom, soit des emballages et étiquettes, soit de la présentation des magasins, etc.

Elle peut être phonétique, visuelle et linguistique. La confusion est l'acte de concurrence déloyale le plus connu par la jurisprudence congolaise. Le nom à protéger doit être un nom original.

Est considéré comme original, le nom qui n'est ni commun, ni usuel, ni banal, et qui n'est pas encore tombé dans le domaine public. Ne doivent pas être considérés comme original, le nom comme Maman Kulutu, Maman Mapassa, Tout Kin, RDC na Biso, etc.

b. Ententes illicites

En vue de sauvegarder la libre concurrence, le droit économique s'évertue à réglementer certains procédés

---

[52] Article 65 de la loi organique n°18-020 du 09 juillet 2018.

auxquels ont recours les entreprises et groupes d'entreprises comme des ententes, positions dominantes et concentrations d'entreprises. Ces procédés visent généralement à accroître la compétitivité des entreprises concernées, mais suppriment parfois l'existence même d'une concurrence effective sur le marché.

i. Les ententes entre entreprises

- Notion d'entente

L'entente consiste de la part de deux ou plusieurs entreprises à conclure des accords (exprès ou tacites, de quelque forme que ce soit) de nature à renforcer leur compétitivité, mais hélas !

Bien souvent au risque d'entraver le jeu normal de la concurrence. Ces accords portent notamment sur les prix (prix imposés ou « conseillés remises, rabais), la répartition géographique des marchés, la détermination des quotas de production, la soumission des offres (adjudication des marchés publics), la restriction de la possibilité d'utiliser une machine ou une méthode de fabrication donnée.

L'entente peut donc être définie comme l'accord entre deux ou plusieurs entreprises portant sur la fixation des prix, les conditions et modalités d'approvisionnement des produits, la répartition des marchés, les investissements, etc. Contrairement à la position dominante qui est unilatérale, l'entente revêt donc un caractère contractuel.

À titre d'exemples :

- Il s'agirait de deux entreprises dont la première signe un accord d'approvisionnement exclusif des câbles électriques ou de tout autre produit chez la seconde excluant ainsi tout autre fournisseur même possédant un meilleur prix ou des produits de meilleure qualité de contracter avec la première. Cette entente est dite verticale parce qu'elle concerne deux entreprises se trouvant à des stades différents de la chaîne (fournisseur-distributeur ou le client).

- Deux importantes sociétés brassicoles peuvent signer des accords pour se partager le marché congolais en s'interdisant toute forme de concurrence sur des territoires convenus. Les consommateurs risquent de ne pas trouver leur compte étant donné qu'ils seront privés du droit à la concurrence indispensable pour la fixation des prix.

De tels accords peuvent revêtir un aspect horizontal et, par conséquent, ne lier que des entreprises situées à une même étape de l'activité économique (ententes entre fabricants, ententes entre distributeurs). Mais ils peuvent également lier des entreprises situées à des stades différents de l'activité économique, et revêtir ainsi un aspect vertical (ententes entre fabricants et distributeurs ou « distribution intégrée ») ou congloméral.

- Objectifs des ententes

Les parties à une entente recherchent souvent la réalisation d'objectifs (ou l'obtention d'avantages) que seule une limitation, voire une suppression de la concurrence, permettrait de concrétiser et d'amplifier.

C'est ainsi qu'en cassant les prix, les entreprises participant à une entente provoquèrent la chute et la disparition de leurs concurrents. Mais elles n'hésitent pas, par la suite, à rectifier le tir par une hausse vertigineuse des prix, au mépris des intérêts des consommateurs.

De même, un puissant distributeur tiendra aisément en respect ses fournisseurs par des accords léonins sur les prix ou sur l'exclusivité de fourniture. A l'inverse, un puissant fournisseur aura parfois à sa merci tout un réseau de distributeurs exclusifs.

- La répression des ententes

Tout doit être mis en œuvre pour sanctionner les ententes, qui du reste sont incompatibles avec la prohibition des coalitions illicites. En effet, l'article 65 de la loi organique n° 18-020 du 09 juillet 2018 relative à la liberté de prix et à la concurrence punit sévèrement (servitude pénale de 15 jours à trois ans et/ou amende), celui qui[53] :

- Par des moyens frauduleux quelconques, aura opéré ou tenté d'opérer, maintenu ou tenté de maintenir la hausse ou la baisse anormale du prix des biens et services ;
- Même sans emploi des moyens frauduleux quelconques, aura volontairement opéré, maintenu ou tenté de maintenir sur le marché national la hausse ou la baisse anormale de biens et services, soit par des interdictions ou des conventions ayant pour objet la détermination des prix maxima ou minima de vente, soit par des restrictions à la production et à la libre circulation des produits.

Ainsi, malgré l'atteinte à la libre concurrence qu'elles provoquent, certaines ententes devraient pouvoir être tolérées en raison de la contribution qu'elles apportent au progrès économique et social.

D'autres devraient faire l'objet d'une procédure spéciale et ne subsister que sous certaines conditions. Les ententes illicites obéissent aux mêmes conditions que les ventes à des prix illicites.

[53] Article 65 de la loi organique n°18-020 du 09 juillet 2018.

c. La position dominante

Au sens de la loi organique sus indiquée[54], on entend par position dominante, le fait pour une entreprise ou groupe d'entreprises d'occuper une situation de monopole de fait ou de légal ou de disposer d'un avantage concurrentiel tel qu'il a le pouvoir de faire obstacle au maintien de la concurrence effective sur le marché, en raison de sa force économique, financière ou technologique.

Bien qu'une ou plusieurs entreprises en position dominante puissent fort bien participer à une entente, la notion de position dominante se distingue de celle d'entente et demeure liée à celle de pouvoir de marché.

La position dominante se manifeste en effet par une concentration de la puissance économique sur le marché ou par une situation de monopole ou de quasi-monopole. Elle offre à une entreprise ou un groupe d'entreprises la possibilité d'exercer une influence sensible sur le marché intérieur ou sur une partie de ce marché.

Il importe que la part du marché qu'elle détient soit relativement importante pour qu'on puisse considérer qu'une entreprise (ou un groupe d'entreprises) se trouve en position dominante. Néanmoins, comme l'ont justement souligné J.-J. Burst et K. Kovar, une part du marché réduite peut parfois suffire à caractériser la position dominante si l'entreprise concernée occupe une position de force sur des marchés connexes ou si d'autres facteurs accroissent son pouvoir de domination.

En ce qui concerne l'utilité de la position dominante, elle peut être considérée comme facteur de compétitivité et surtout qu'elle ne devrait aucunement être considérée comme un mal *per se*. Bien au contraire, dans un monde des

---

[54] Article 5 point 9 de la loi organique n° 18-020 du 09 juillet 2018.

affaires dominé par une intense compétition concurrentielle, sur un marché où s'implantent à un rythme croissant les puissantes multinationales, il convient d'encourager le renforcement de la puissance économique des entreprises.

En outre, la position dominante peut n'être que l'une des conséquences liées aux importantes innovations technologiques qui « s'accompagnent nécessairement d'un déplacement de la demande qui affecte les intérêts des entreprises concurrentes ».

Mais plus ces entreprises développent leur puissance économique, plus leur comportement mériterait une surveillance pour mieux prévenir et réprimer les abus. En effet, il y a tout lieu de sauvegarder la liberté et l'efficacité de la concurrence.

Une entreprise est dite en position dominante lorsque son influence marquante sur le marché lui permet de se soustraire à une concurrence effective face aux entreprises rivales. Le marché est défini en rapport avec un produit.

La position dominante revêt un caractère absolument unilatéral. Exemple : une société d'aviation congolaise qui dispose d'une flotte importante d'avions et se permet de dicter les prix aux voyageurs.

L'existence de la position dominante n'est pas incompatible avec la pluralité des acteurs. De ce fait, elle diffère de la situation du monopole ou du quasi-monopole. Il y a monopole lorsqu'une entreprise exerce seul un type d'activité économique sur le marché.

Le monopole peut être légal ou de droit c'est-à-dire protégé contre toute concurrence par l'intervention législative ou réglementaire. Il en ainsi si l'État confère à une entreprise des droits exclusifs sur un secteur déterminé. C'est le cas de la distribution d'eau (REGIDESO) de l'électricité (SNEL).

On peut considérer qu'une entreprise est en position dominante lorsque des partenaires commerciaux peuvent détourner seuls la concurrence à travers l'exploitation abusive et déloyale. L'abus pouvant consister à fixer des devoirs sans tenir compte des intérêts partenaires ou des consommateurs comme la concurrence l'impose.

L'abus position dominante mesure également l'obtention des avantages que n'aurait pas dû obtenir l'entreprise car elle était en concurrence. Par exemple, l'imposition prix d'un produit peut être considérée comme un abus de position dominante qui force ses fournisseurs et rançonne ses acheteurs en fixant des prix exorbitants.

d. Les concentrations d'entreprises
   1. Croissances interne et externe des entreprises

La croissance interne d'une entreprise confère parfois à cette dernière une position dominante sur le marché ; mais après l'avoir acquise, l'entreprise peut fort bien envisager de la renforcer par voie de croissance externe. Elle participe alors à une concentration de la puissance économique.

   2. La concentration de la puissance économique

La concentration est une opération ou acte juridique qui, sous une forme ou une autre, modifie le patrimoine d'une entreprise ou attribue à une entreprise ou à un groupe d'entreprises suffisamment d'influence pour être à même de contrôler, de diriger ou d'orienter la gestion ou le fonctionnement d'une ou plusieurs autres entreprises. L'opération consistera en une fusion (absorption, scission, apport partiel d'actifs) ou en une prise de contrôle ou encore à la création d'une filiale commune.

Autrement dit, la concentration économique[55] résulte de tout acte ou autre moyen, quelle qu'en soit la forme, qui confère seul ou conjointement et compte tenu de fait ou de droit, la possibilité d'exercer un contrôle ou une influence déterminante sur une ou plusieurs autres entreprises notamment par :

- Le transfert de propriété ou de jouissance sur tout ou partie de biens, droits et obligations d'une entreprise ;
- La création d'une entreprise commune ;
- Les droits ou contrats qui assurent une influence sur la composition, les délibérations ou les décisions des organes d'une entreprise ou d'un groupe d'entreprises.

Les entreprises concernées se situeront soit à un même stade de l'activité économique (concentration horizontale), soit à des stades différents (concentration verticale ou conglomérat).

Lorsqu'elle contribue à l'accroissement de la productivité et au renforcement de la compétitivité internationale des entreprises congolaises, notre droit devrait tolérer et même encourager ce genre d'opérations.

La RDC devrait même participer à des *holdings* afin de contrôler soi-même son développement et éviterait des erreurs des multinationales car il est démontré qu'on ne doit pas chercher à tout faire seul, les affaires deviennent florissantes dans l'association dans les pays industrialisés à cause de la répartition des risques avec d'autres.

Au contraire, lorsque la concentration a pour objet ou pour effet l'exploitation abusive de la position dominante qu'elle engendre ou qu'elle renforce, la concentration devient

[55] Article 48 de la loi organique n°18-020 du 09 juillet 2018.

incompatible avec l'intérêt général et ne saurait être encouragée.

3. Des pratiques restrictives de la concurrence[56]

Les pratiques suivantes sont considérées comme restrictives de la concurrence, notamment :

- L'imposition d'un prix minimal de revente tel que visé à l'article 11 al. 2 ci-dessus ;
- Le refus de vente entre professionnels ;
- Les pratiques discriminatoires de vente.

Sont constitutifs de refus de vente :

- Le refus explicite ou implicite de vente entre professionnels ;
- Le silence ;
- Le refus d'agrément en qualité de distributeur des produits d'une marque ;
- La subordination de la satisfaction d'une demande aux conditions inhabituelles.

Peuvent justifier le refus de vente :

- L'interdiction légale de vente ;
- La mauvaise foi du demandeur ;
- Le caractère inhabituel de la demande ;
- L'indisponibilité du produit ou du service.

La mauvaise foi du demandeur est établie notamment lorsque :

- Une précédente commande n'a pas été payée conformément aux engagements ;
- Les marchandises auront été écoulées dans les conditions nuisant au renom de la marque ;

---

[56] Article 34 et ss de la loi organique n° 18-020 du 09 juillet 2018.

- Il y a dénigrement systématique de la marque, sous réserve des comparaisons naturelles effectuées dans le cadre du conseil à la clientèle.

Le fournisseur peut refuser d'approvisionner le demandeur qui ne remplit pas les conditions pour être agréé ou qui refuse de souscrire aux conditions que ce statut comporte, lorsque la demande est adressée à un producteur ou un fabricant qui a mis en place un réseau de distribution sélective ou exclusive, sous réserve que le réseau respecte les dispositions relatives aux prohibitions des pratiques anticoncurrentielles. Toute pratique discriminatoire de vente est interdite.

Sont constitutifs de pratique discriminatoire de vente à l'égard d'un partenaire le fait de (d') :

- Obtenir de lui des prix abusifs ;
- Abuser d'une relation de dépendance ;
- Obtenir des conditions dérogatoires de manière illicite ;
- Rompre abusivement des relations commerciales établies ;
- Établir un réseau de distribution sélective ou de distribution exclusive.

La charge de la preuve de la discrimination incombe à la victime.

§3. Saisine et note particulière sur la commission de concurrence

La commission se saisit d'office de tout dossier relevant de sa compétence. Elle peut être saisie de toutes requêtes des consommateurs, des concurrents ou de toute personne physique ou morale intéressée par la concurrence.

Elle fonctionne comme une juridiction avec les pouvoirs de rechercher et sanctionner les restrictions à la concurrence, de classer sans suite le dossier, d'infliger les amendes et de proposer certaines décisions au ministre. En cela, elle ressort la spécificité du droit économique.

En cas de non-respect des dispositions des articles 54 et 71 ci-dessus, la commission de la concurrence propose la fermeture temporaire des entreprises en infraction au ministre ayant l'économie nationale dans ses attributions[57].

Notons cependant que toute personne justifiant d'un intérêt peut exercer une action en concurrence déloyale en vue d'obtenir réparation du préjudice subi.

Elle peut assigner à bref délai d'obtenir la cessation des pratiques litigieuses et/ou la nullité des clauses litigieuses. Le tribunal peut contraindre l'entreprise fautive à s'exécuter sous astreinte.

Section II : LES MOYENS DE FAIRE OBSTACLE À LA CONCURRENCE DÉLOYALE

Deux moyens ont principalement été prévus par le législateur congolais pour faire obstacle à la concurrence déloyale à savoir : l'action en cessation instituée par la loi organique n° 18-020 du 09 juillet 2018 et l'action en responsabilité civile organisée par les articles 258 et 259 du code civil livre III.

On notera par ailleurs que l'action en cessation instaurée par loi organique n° 18-020 du 09 juillet 2018 n'empêche pas la poursuite de la cessation sur le fondement du droit commun, c'est-à-dire sur la base de la théorie de la responsabilité civile.

[57] Article 74 et ss de la loi organique n° 18-020 du 09 juillet 2018.

Mais, tout comme l'action en responsabilité civile, l'action en cessation présente quelques imperfections qu'il sied de corriger.

§1. Les imperfections des actions en concurrence déloyale et en responsabilité civile

L'action en cessation est instituée par la loi organique n° 18-020 du 09 juillet 2018 et exige certaines conditions pour sa mise en œuvre. Ceci est abordé dans les lignes qui suivent.

1. Mise en œuvre de l'action en concurrence déloyale

a) Les personnes pouvant introduire l'action

L'action en concurrence déloyale peut être exercée par toute personne physique ou morale qui est victime, ou qui risque de l'être, d'un comportement déloyal de son concurrent. L'action en concurrence déloyale commande que les concurrents (la victime et l'auteur du comportement fautif) soient en situation de concurrence.

La situation de concurrence est caractérisée entre entreprises ou professionnels de même spécialité mais également entre concurrents exerçant des activités économiques semblables, voisines ou proches. Il suffit que les concurrents s'adressent, au moins en partie, à la même clientèle.

La situation de concurrence peut être horizontale (exemple : entre deux entreprises différentes de papeterie) ou verticale (entre membres d'un même réseau de distribution, entre un distributeur et son fournisseur).

b) Les tribunaux compétents

L'action en concurrence déloyale est une action fondée sur la responsabilité civile, elle ne dépend donc pas de la commission de la concurrence. Si l'action en concurrence déloyale intervient entre commerçants, le tribunal compétent est le Tribunal de commerce. Si l'action intervient entre un commerçant et un non commerçant :

- Le non commerçant a le choix entre intenter l'action devant la juridiction commerciale ou la juridiction civile ;
- Le commerçant lui doit obligatoirement intenter l'action devant la juridiction civile.

Les juridictions administratives sont compétentes au regard d'une action en concurrence déloyale entre deux concessionnaires de services publics. Si l'action oppose un employeur à un ancien salarié (ex : violation d'une clause de non concurrence), le tribunal de travail est compétent.

Les actions reposant sur des actes de concurrence déloyale et soulevant également une contrefaçon de brevet ou de marque sont de la compétence du Tribunal de commerce.

Le juge peut être saisi pour faire cesser « un trouble manifestement illicite ou prévenir un trouble imminent ».

Après avoir examiné quelle est la juridiction matériellement compétente, il faut déterminer quelle est la juridiction territorialement compétente.

Le code de procédure civile prévoit que « le demandeur peut saisir à son choix :

- La juridiction du lieu où demeure le défendeur,
- Ou, **en matière contractuelle** (existence d'un contrat entre le demandeur et le défendeur), la juridiction du lieu

de la livraison effective de la chose ou du lieu de l'exécution de la prestation de service,

- Ou, **en matière délictuelle** (pas de contrat entre le demandeur et le défendeur), la juridiction du lieu du fait dommageable ou la juridiction dans le ressort de laquelle le dommage (le préjudice) a été subi ».

c) La prescription de l'action

L'action en concurrence déloyale se prescrit par 5 ans. L'action doit être intentée par la victime dans le délai de 5 ans, à compter du moment où le dommage (le préjudice) a été constaté par la victime. Toutefois, la jurisprudence a admis de repousser le point de départ de ce délai de 5 ans au jour où les faits de concurrence déloyale ont cessé.

d) L'action en cessation

Les justiciables ont plus intérêt à invoquer la loi organique n° 18-020 du 09 juillet 2018 car ce texte comporte l'avantage d'être à la fois préventif et répressif d'une part et le cumul avec l'article 258 du CCLIII reste possible. Dans ce cas, l'action en concurrence déloyale aurait pour but de faire cesser les procédés déloyaux tandis que l'action en responsabilité civile tendrait à obtenir réparation du préjudice causé par la concurrence déloyale.

En outre, le législateur a entouré cette loi-organique d'une série des précautions : d'un côté, les procédés déloyaux énumérés ne l'ont été qu'à titre indicatif, de l'autre côté, les procédés cités sont suffisamment nombreux pour guider les juges dans l'appréciation des actes de concurrence déloyale.

En plus d'importantes prérogatives ont été accordées aux tribunaux compétents, outre la possibilité d'afficher et de publier les jugements de condamnation, une peine d'amende peut être infligée au concurrent déloyal pour tout manquement aux injonctions ou aux interdictions contenues dans la décision.

Mais loi organique n° 18-020 du 09 juillet 2018 présente encore quelques lacunes qui affaiblissent l'intérêt pratique des règles qu'elle édicte, notamment l'absence de la définition précise de la notion de deloyauté complique la tâche des juges dans l'appréciation des comportements déloyaux.

§ 2. L'action en responsabilité civile

1. Notion

Dans l'état actuel du droit congolais, la théorie classique de responsabilité civile et celle de concurrence déloyale n'apportent aux consommateurs et aux concurrents qu'une faible protection, ce qui justifie sans doute le nombre limité des sujets actifs des actions fondées sur ces théories.

Les conditions posées par les articles 258 et 259 CCLIII[58] semblent trop sévères pour que la seule théorie de la responsabilité civile suffise à mettre un frein à la déloyauté dans la concurrence.

En effet pour accorder à la victime, un droit à la réparation, l'article 258 du CCL III exige la preuve d'une faute, d'un dommage et d'un lien de causalité entre la faute et le dommage alors que l'absence du préjudice ne fait pas obstacle à l'application de la loi organique n° 18-020 du 9 juillet 2018.

Dans le même sens, les juridictions des pays comme la France où la sanction de la concurrence déloyale repose uniquement sur la théorie de la responsabilité civile, se

[58] Articles 258 et 259 du décret du 30 janvier 1888.

contentent généralement d'un préjudice simplement éventuel. En fait, elles créent une présomption de lien de causalité au détriment du concurrent déloyal.

Pour faire obstacle à la concurrence déloyale sur le fondement de la théorie de la responsabilité civile, il faudrait donc opter pour une interprétation extensive des articles 258 et 259 du code civil livre III.

La concurrence déloyale pour être constituée suppose la réunion de trois éléments :

- L'existence d'une faute
- L'existence d'un préjudice
- L'existence d'un lien de causalité entre la faute et le préjudice.

a. **La présence d'une faute, d'agissements fautifs**

Celui qui invoque la concurrence déloyale doit rapporter la preuve que son concurrent a commis une faute (il s'agit d'une faute délictuelle ou quasi-délictuelle), a eu un comportement fautif (exemple : dénigrement, confusion/imitation, débauchage, parasitisme).

Le dénigrement se définit comme le fait pour un concurrent de répandre des informations malveillantes sur le compte d'un autre concurrent afin de nuire à la réputation des produits ou services de ce dernier.

Le dénigrement peut notamment viser la qualité des produits et/ou services, les méthodes commerciales, les prix de vente ou encore des éléments personnels du concurrent qui n'ont pas de lien direct avec son activité professionnelle.

Le dénigrement est caractérisé dès lors que le concurrent visé est facilement identifiable. Le dénigrement dit humoristique et caricatural n'est pas fautif, il existe une exception d'humour (exemple : les guignols de l'info).

Cependant, le dénigrement fautif est constitué même s'il porte sur des éléments qui sont exacts, le dénigrement est fautif même s'il est véridique.

L'imitation a pour objectif de créer une confusion dans l'esprit du public et des consommateurs afin de profiter de la notoriété d'un concurrent et de tenter de récupérer sa clientèle. Il s'agit d'une utilisation déloyale des signes distinctifs d'un concurrent (exemple : son nom commercial ou son enseigne).

L'imitation n'existe qu'entre entreprises ou professionnels de même spécialité car les juges considèrent qu'il ne peut y avoir confusion entre deux concurrents exerçant dans des domaines d'activité différents.

Le débauchage du personnel entraînant la désorganisation de l'entreprise est sanctionné au titre de la concurrence déloyale. Le nouvel employeur est coupable de concurrence déloyale lorsqu'en connaissance de cause il embauche un salarié qui est encore contractuellement tenu avec son ancien employeur par une clause de non concurrence.

Il est alors complice de la violation de la clause par le salarié. Par le biais du débauchage du personnel, l'agent économique cherche à connaître les secrets de fabrique ou les méthodes commerciales de son concurrent.

Mais, il existe aussi le débauchage de la clientèle. L'agent économique qui en connaissance de cause exécute une commande appartenant à un concurrent ou qui racole les clients afin qu'ils résilient leurs commandes déjà passées auprès d'un concurrent, se rend coupable de concurrence déloyale. Le débauchage de la clientèle a également pour effet de désorganiser l'entreprise.

Le parasitisme est le fait pour un concurrent de s'approprier frauduleusement la réputation d'un autre concurrent sans pour autant nécessairement rechercher une quelconque confusion. Le parasite détourne à son profit la notoriété d'un concurrent.

Le parasitisme est « l'ensemble des comportements par lesquels un agent économique s'immisce dans le sillage d'un autre afin de tirer profit, sans rien dépenser, de ses efforts et de son savoir-faire » (Cour de cassation, chambre commerciale, 26 janvier 1999).

- **L'existence d'un préjudice**

La faute de l'agent économique doit causer un préjudice auprès du concurrent pour que la concurrence déloyale soit sanctionnée. L'existence d'un préjudice est indispensable. Le préjudice est caractérisé par une baisse de clientèle et de bénéfices ou une perte de contrats qui ont pour effet une baisse du chiffre d'affaires.

Certaines jurisprudences ont admis la possibilité d'un préjudice éventuel pour l'introduction d'une action en concurrence déloyale préventive. La preuve du préjudice doit être rapportée par l'agent économique qui invoque la concurrence déloyale de son concurrent. La charge de la preuve repose sur le demandeur.

- **Le lien de causalité**

Il doit exister un lien de causalité entre le comportement fautif de l'agent économique et le préjudice subi par le concurrent. Le préjudice (la baisse du chiffre d'affaires) doit résulter de la faute du concurrent déloyal.

3. Les finalités de l'action en concurrence déloyale au civil : l'allocation des dommages et intérêts

L'action en concurrence déloyale permet à la victime des agissements fautifs et déloyaux de son concurrent d'obtenir des dommages et intérêts dont le montant est apprécié, au cas par cas, par les juges. Le montant des dommages et intérêts dépend notamment de :

- La durée des agissements fautifs ;
- La répétition des agissements fautifs.

Il est particulièrement difficile d'évaluer le préjudice subi en matière de concurrence déloyale. En effet, le préjudice peut résulter :

- d'une perte caractérisée du chiffre d'affaires ;
- Mais également d'une perte à gagner (l'atteinte à la réputation de l'agent économique n'est pas évidente à déterminer, la diminution de la notoriété de ce dernier est délicate à évaluer).

§3. Le perfectionnement des théories classiques

Les théories classiques de responsabilité civile et de concurrence déloyale doivent être perfectionnées afin d'orienter le droit positif congolais dans la voie d'une amélioration du sort des consommateurs et d'un assainissement de la concurrence. Dans ce sens, il importait que soit pris en considération l'intérêt des consommateurs et celui des concurrents par des critères de déloyauté.

La notion de loyauté est subjective et imprécise, car pour apprécier le caractère déloyal d'un comportement concurrentiel, les juges font généralement recours aux usages professionnels or, la référence aux seuls usages professionnels n'est pas la solution idéale.

En effet, il serait nécessaire également de prendre en considération d'autres intérêts, en particulier le souci d'améliorer le sort des consommateurs. Mais cette dernière solution comporte elle-même certains inconvénients dans la mesure où l'intérêt des commerçants ne coïncide pas toujours avec ceux des consommateurs.

Tel est le cas de la publicité comparative : alors qu'elle est considérée comme bonne par les consommateurs parce qu'elle leur permet de s'informer suffisamment sur les produits à acquérir ; les commerçants la redoutent parce qu'ils la considèrent comme susceptible de nuire à leurs intérêts.

Chapitre III

LES INFRACTIONS À LA SAUVEGARDE DU POUVOIR D'ACHAT DES CONSOMMATEURS, À LA FABRICATION ET AU COMMERCE DES DENRÉES ALIMENTAIRES

Ce chapitre traite, tour à tour, des infractions à la sauvegarde du pouvoir d'achat des consommateurs (I), ainsi que des infractions liées à la falsification et au commerce des denrées alimentaires (II).

Section I. LES INFRACTIONS À LA SAUVEGARDE DU POUVOIR D'ACHAT DES CONSOMMATEURS

Trois points essentiels sont abordés ici. Il s'agit de la définition du pouvoir d'achat (1), les facteurs influençant le pouvoir d'achat des consommateurs (2) ainsi que l'analyse de quelques infractions à la sauvegarde du pouvoir d'achat des consommateurs (3).

§1. La définition du pouvoir d'achat

Le pouvoir d'achat correspond à la quantité de biens et de services qu'un revenu permet d'acheter. Le pouvoir d'achat dépend alors du niveau du revenu et du niveau des prix. L'évolution du pouvoir d'achat correspond donc à la différence entre l'évolution des revenus des ménages et l'évolution des prix. Si la hausse des revenus est supérieure à celle des prix, le pouvoir d'achat augmente. Dans le cas contraire, il diminue.

En économie, le pouvoir d'achat est la capacité d'achat en termes de biens et services marchands d'une quantité donnée de monnaie. On peut distinguer, le pouvoir d'achat par ménage, le pouvoir d'achat par unité de consommation, le pouvoir d'achat par habitant, et aussi le revenu (pouvoir d'achat) d'un pays.

Le pouvoir d'achat est enfin une mesure relative et est le plus pertinent lorsqu'il est analysé pour les changements dans le temps. Ces changements dans le pouvoir d'achat sont influencés par de multiples facteurs économiques[59].

§2. Les facteurs influençant le pouvoir d'achat des consommateurs

1. Les changements de prix dus à l'inflation et à la déflation

L'inflation est le pire ennemi du pouvoir d'achat. L'inflation est le processus par lequel les niveaux de prix augmentent dans tous les secteurs de l'économie, réduisant le pouvoir d'achat des individus pour acheter des produits de base au niveau de revenus actuels. L'inflation n'est ni mauvaise ni bonne en soi.

Elle est omniprésente et doit être contrebalancée par une augmentation des salaires, des taux d'intérêt et d'autres facteurs au fil du temps. En revanche, pendant les périodes de déflation, lorsque les prix baissent, le pouvoir d'achat relatif augmente.

---

[59] 7 facteurs qui influencent le pouvoir d'achat des consommateurs - Entreprise évaluation disponible sur http.//entrepriseevaluation.com consulté le 6 mars 2023 à 9 h 40.

2. L'Emploi et revenu réel

Le pouvoir d'achat dépend du revenu réel, c'est-à-dire du montant corrigé de l'inflation du revenu d'une personne.

Les niveaux d'emploi et les niveaux de salaire moyen influencent énormément le pouvoir d'achat d'une économie.

Plus les gens ont un emploi, plus ils gagnent d'argent et plus ils ont d'argent à dépenser pour des produits et des services. Cela affecte le pouvoir d'achat total plutôt que d'avoir un changement relatif. L'emploi n'a pas d'impact sur la valeur d'une monnaie, mais met plus d'argent dans les mains des gens, ce qui augmente les recettes commerciales et fiscales.

3. Le taux de change

La fluctuation des taux de change affecte le pouvoir d'achat. Si une monnaie se dévalue par rapport à une autre, le prix des biens du second pays sera plus élevé que dans la monnaie du premier pays.

Cela n'affecte pas directement le pouvoir d'achat des produits nationaux, mais les entreprises qui dépendent de fournisseurs du second pays devront payer des prix plus élevés pour les produits importés. Ces coûts plus élevés seront ensuite répercutés sur les clients, ce qui entraînera une inflation et une baisse du pouvoir d'achat.

4. La disponibilité du crédit et taux d'intérêt

Si les clients ne peuvent pas s'offrir eux-mêmes un produit ou un service dont ils ont vraiment besoin, ils demanderont une aide financière aux banques ou à d'autres entités.

Ainsi, la disponibilité du crédit pour les consommateurs et les entreprises auprès des institutions financières affecte le pouvoir d'achat total presque de la même manière qu'un revenu plus élevé le ferait.

Avec plus d'argent à leur disposition, les clients et les entreprises peuvent dépenser davantage, ce qui donne un coup de pouce au pouvoir d'achat personnel. Les prêteurs gagnent également des intérêts, ce qui leur fournit plus d'argent à dépenser dans l'économie.

Les intérêts facturés par ces prêteurs affectent également le pouvoir d'achat du consommateur. Lorsque les taux d'intérêt augmentent, les consommateurs sont moins susceptibles d'emprunter de l'argent aux prêteurs pour acheter des articles coûteux comme une voiture ou un appartement.

5. L'offre et la demande

Ceci fait référence à la quantité de biens/services fournis par les entreprises par rapport à la demande des consommateurs pour les mêmes. L'offre augmente chaque fois que les entreprises commencent à produire plus de biens que les consommateurs n'en achètent actuellement.

Cela conduit souvent à des réductions de prix pour les clients, afin que les entreprises puissent vendre les stocks invendus et récupérer le coût de production. Des prix plus bas signifient un pouvoir d'achat plus élevé pour les consommateurs. Une demande plus forte a le résultat inverse.

Il n'y a pas assez d'offre de biens ou de services pour répondre à la demande ; ce qui entraîne une hausse des prix des produits et des services, un pouvoir d'achat plus faible.

6. Le taux d'imposition

Les impôts réduisent effectivement le revenu réel d'un individu. Ainsi, des impôts plus élevés laissent moins d'argent aux individus et réduisent leur pouvoir d'achat.

7. Le prix des biens et services

Le prix des biens et services est l'un des facteurs les plus importants qui influencent le pouvoir d'achat du consommateur. Lorsque le prix baisse, le pouvoir d'achat augmente, et lorsque les prix augmentent, le pouvoir d'achat diminue ; à condition que les autres facteurs restent les mêmes.

Les prix évoluent au fil du temps et sont généralement calculés à l'aide de l'indice des prix à la consommation (IPC) en suivant les prix d'un panier de biens de consommation comme la nourriture, l'épicerie, les vêtements et le carburant pour montrer les changements généraux des prix à la consommation au fil du temps. Le pouvoir d'achat des consommateurs est l'un des fondamentaux de l'économie que les entreprises doivent comprendre.

§3. L'analyse de quelques infractions à la sauvegarde du pouvoir d'achat des consommateurs

Le décret du 1er avril 1959[60] relatif à la sauvegarde du pouvoir d'achat des consommateurs a introduit pour la première fois dans la législation économique congolaise la rubrique « Protection du consommateur ».

Avec ce décret, le législateur a nettement manifesté son intention de sauvegarder les droits des consommateurs ; cela, compte tenu notamment du risque d'effritement que les multiples infractions économiques faisaient toujours peser sur le pouvoir d'achat des consommateurs.

En vue de veiller au pouvoir d'achat des consommateurs, ce texte les protège de s'engager, sur base d'une publicité fallacieuse de nature à répandre des préjugés favorables non fondés, à la consommation des boissons alcooliques[61].

Ils sont également protégés contre la tromperie sur les conditions de composition, la qualité, la dénomination, l'origine, la quantité, le poids, le volume ou le métrage de toute marchandise devant être vendue offerte ou exposée en vente.

1. La tromperie sur la qualité et sur la quantité

La notion des tromperies est consacrée en droit pénal congolais par deux dispositions à savoir les articles 99 et 100 du code pénal congolais livre II.

---

[60] Le décret du 1er avril 1959 sur la sauvegarde du pouvoir d'achat des consommateurs.

[61] Article 1 alinéa 3 du décret du 1er avril 1959 sur la sauvegarde du pouvoir d'achat des consommateurs.

Il s'agit donc de la tromperie commise par le vendeur aux dépens de l'acheteur sur la nature, l'origine et l'identité de la chose vendue. Il existe cependant, deux formes de tromperie en la matière à savoir :
- La tromperie sur la qualité de la chose vendue[62] ;
- La tromperie sur la quantité de chose vendue.

A. La tromperie sur la qualité de la chose vendue

La tromperie sur la qualité de la chose vendue est prévue et punie par l'article 99 du code pénal congolais. Cette infraction se définit comme étant le fait pour le vendeur d'induire l'acheteur en erreur sur la qualité de la chose faisant l'objet de la transaction dans le but de se procurer un bénéfice illicite.

Il se dégage de cette définition, que le vendeur malhonnête se comporte comme un escroc. Cependant, il est moins sévèrement puni que ce dernier. Il y a donc lieu de rechercher quels sont les éléments constitutifs de cette infraction et quelles sont les peines qu'encourent ces vendeurs malhonnêtes[63].

A. Les éléments constitutifs de la tromperie sur la qualité et sur la quantité

Est puni d'un an ou plus de servitude pénale et d'une amende dont le montant ne dépasse pas 100 zaïres ou d'une de ces peines seulement, dit l'article 99 du code pénal livre II, celui qui a trompé l'acheteur :

---

[62] Article 99 du décret du 30 janvier 1940 tel que modifié et complété à ce jour, mis à jour au 30 novembre 2004, JO RDC, N° Spécial, 30 novembre 2004.

[63] LIKULIA BOLONGO, *Droit pénal spécial zaïrois*, Librairie Générale de Droit et de Jurisprudence, Paris, 1985, p.447

1°. sur l'identité de la chose vendue en livrant frauduleusement une chose autre que l'objet déterminé sur lequel a porté la transaction.
2°. sur la nature ou l'origine de la chose vendue en vendant ou en livrant frauduleusement une chose qui, semblable en apparence à celle qu'il a achetée ou qu'il a cru acheter, déçoit l'acheteur dans ce qu'il a principalement recherché.

Il résulte de l'analyse de cette disposition que cette infraction suppose un fait de tromperie, que cette tromperie doit porter sur une chose faisant l'objet d'une transaction et qui doit être réalisée selon certains modes prévus par la loi. Il est évident que l'infraction ne sera punissable que si l'agent a agi de mauvaise foi[64].

a. Un fait de tromperie

Tromper, c'est duper, égarer, abuser, décevoir, mystifier, tricher. Ainsi, commet l'infraction de tromperie le commerçant qui, dans le but de se procurer un bénéfice illicite, vendrait à ses clients à un prix élevé la farine de manioc en affirmant faussement qu'il s'agit de la farine de maïs. Il en est ainsi de même du fait de vendre du poisson congelé en affirmant qu'il s'agit du poisson frais d'eau douce ou de la viande avariée en faisant croire qu'il s'agit de la viande fraîche.

b. La tromperie doit porter sur une marchandise

Il faut entendre par « chose vendue » toute marchandise pouvant faire l'objet d'une transaction. Ce terme a une

[64] LIKULIA BOLONGO, *op. cit.*, p.448.

acception très large car il couvre tous les objets mobiliers, même du poisson, de la viande, des animaux etc.

c. La tromperie doit avoir lieu dans une convention ou contrat

La tromperie ne peut être punissable qu'il y a eu un contrat à la base. Peu importe la nature du contrat ; il suffit qu'il comporte une tradition, c'est-à-dire une aliénation à titre onéreux. Par exemple, la vente, l'échange etc.

d. La tromperie doit être réalisée par un des modes prévus par la loi

- Tromperie sur l'identité de la chose

Pour que l'infraction soit retenue, le vendeur doit livrer à l'acheteur une chose autre que celle qui avait fait l'objet de transaction de vente.

Il en est ainsi de la substitution d'une chose nouvelle à celle ayant fait l'objet de la transaction. Un tribunal avait retenu l'infraction de tromperie sur l'identité de la chose vendue contre l'agent qu'avait livré frauduleusement de la marchandise avariée, parce que, avait-il estimé que la corruption de denrées alimentaires peut modifier les qualités qui constituent la valeur de chose.

- Tromperie sur la nature et l'origine de la chose

Ici l'infraction est retenue contre celui qui livre frauduleusement à l'acheteur une chose d'une espèce autre que celle convenue. Par exemple, le fait de vendre de la farine de manioc pour de la farine de maïs, ou le fait de vendre de la margarine pour du beurre.

L'infraction est également retenue lorsque le vendeur livre une chose dont la substance a été altérée, c'est-à-dire lorsque la chose livrée est impropre pour l'usage pour lequel elle a été achetée et que l'acheteur n'aurait pas acquis ladite chose, s'il en avait eu connaissance. C'est le cas par exemple de vendre du vin de palme mélangé avec de l'eau et du sucre.

Il n'y a pas tromperie sur la nature de la chose si la victime sait, au moment de la vente, que la marchandise n'a pas la nature que le vendeur affirme qu'elle a par exemple si elle sait, avant la conclusion du contrat de vente, que la substance de la marchandise a été altérée.

Il y a tromperie sur l'origine de la chose lorsque le vendeur trompe ou égare l'acheteur sur la provenance (région, pays) de la chose. C'est le cas de vendre le poisson du fleuve pour le poisson de la mer.

- L'intention coupable

La tromperie sur la qualité de la chose vendue ou livrée est une infraction intentionnelle. Cette infraction frauduleuse résulte des termes mêmes de la loi qui emploie le mot « frauduleusement ». Pour que l'infraction soit retenue, l'agent doit avoir agi dans l'intention frauduleuse de se procurer un bénéfice illicite. La mauvaise foi est donc requise.

B. La sanction de la tromperie sur la qualité

L'auteur de la tromperie sur la qualité court, conformément à l'article 99 du Code pénal congolais livre II, un an ou plus de servitude pénale et d'une amende dont le montant ne dépasse pas 100 zaïres ou d'une de ces peines seulement.

B. La tromperie sur la quantité de la chose vendue

a. L'élément légal

L'article 100 du Code pénal livre II[65] prévoit et punit la tromperie sur la qualité.

b. Les éléments constitutifs de la tromperie sur la quantité

L'article 100 du Code pénal congolais livre II dispose qu'est puni des peines prévues à l'article précédent celui qui, par des manœuvres frauduleuses, a trompé :

1° L'acheteur ou le vendeur sur la quantité des choses vendues ;
2° Les parties engagées dans un contrat de louage d'ouvrage, ou l'une d'elles, sur les éléments qui doivent servir à calculer le salaire.

Le code pénal démontre clairement que trois conditions doivent être réunies pour que l'infraction soit établie : la conclusion d'un contrat, la réalisation d'un préjudice et l'intention coupable.

a. La conclusion d'un contrat

La tromperie sur la qualité de la chose vendue n'est punissable que s'il y a un contrat et ce contrat peut être soit le contrat de vente ou le contrat d'ouvrage.

[65] Article 100 du décret du 30 janvier 1940 tel que modifié et complété à ce jour.

b. La réalisation du préjudice

Pour que l'infraction soit retenue, la victime doit subir un préjudice. Le recours à un artifice n'infligeant aucun préjudice ne rentre pas dans les prévisions de la loi.

c. L'intention coupable

L'intention coupable est requise car la loi exige que l'agent non seulement trompe sa victime mais emploie, pour y parvenir des manœuvres frauduleuses. L'auteur doit avoir agi avec l'intention frauduleuse de se procurer un bénéfice illicite.

L'intention frauduleuse étant exigée, on en déduit que ne tombe pas sous le coup de l'article 100 du Code pénal, celui qui commet une simple faute se traduisant par un simple oubli, une simple erreur de fait, une simple négligence ou une simple omission.

d. La sanction de la tromperie sur la quantité

L'auteur de la tromperie sur la quantité court, conformément à l'article 100 du Code pénal congolais livre II, un an ou plus de servitude pénale et d'une amende dont le montant ne dépasse pas 100 zaïres ou d'une de ces peines seulement.

2. L'escroquerie économique ou commerciale

a. Siège de la matière

Au sens de l'article 98 du code pénal congolais livre II[66], quiconque, dans le but de s'approprier une chose appartenant à autrui, s'est fait remettre ou délivrer des

[66] Article 98 du décret du 30 janvier 1940 tel que modifié et complété à ce jour.

fonds, meubles, obligations, quittances, décharges, soit en faisant usage de faux noms ou de fausses qualités, soit en employant des manœuvres frauduleuses pour persuader l'existence de fausses entreprises, d'un pouvoir ou d'un crédit imaginaire, pour faire naître l'espérance ou la crainte d'un succès, d'un accident ou de tout autre événement chimérique, pour abuser autrement de la confiance ou de la crédibilité, est puni d'une servitude pénale de trois mois à cinq ans et d'une amende dont le montant ne dépasse pas deux mille zaïres, ou d'une de ces peines seulement.

L'escroquerie est donc le fait de se faire remettre volontairement une chose appartenant à autrui soit en faisant usage d'un faux nom ou d'une fausse qualité, soit en employant des manœuvres frauduleuses[67]. Il est donc impérieux d'analyser les éléments constitutifs et les sanctions encourues par les auteurs de cette infraction.

b. Les éléments constitutifs de l'escroquerie commerciale ou économique

Le code pénal définit l'escroquerie comme le fait de tromper une personne physique (un particulier) ou morale (une entreprise) en vue d'obtenir quelque chose d'elle : de l'argent, la renonciation à un droit, à un bien ou à un héritage, la fourniture d'un service…

Dans une escroquerie, la victime agit volontairement. Elle n'est pas forcée, elle n'agit pas sous la contrainte. C'est ce qui distingue fondamentalement l'escroquerie du vol. Il y a escroquerie, par exemple, lorsque la victime donne volontairement son argent ou renonce volontairement à un héritage parce qu'elle a été trompée par l'escroc.

---

[67] LIKULIA BOLONGO, *op.cit.*, p.402.

L'escroquerie est le fait, soit par l'usage d'un faux nom ou d'une fausse qualité, soit par l'abus d'une qualité vraie, soit par l'emploi de manœuvres frauduleuses, de tromper une personne physique ou morale et de la déterminer ainsi, à son préjudice ou au préjudice d'un tiers, à remettre des fonds, des valeurs ou un bien quelconque, à fournir un service ou à consentir un acte opérant obligation ou décharge.

L'escroquerie peut prendre des formes différentes :

- L'auteur qui utilise une fausse identité se fait passer pour une autre personne,
- L'auteur se présente sous une fausse qualité : par exemple, en se faisant passer pour le propriétaire d'un bien, pour un assureur, un notaire, un policier, un avocat, un médecin…,
- L'auteur utilise de faux documents, par exemple un faux diplôme pour accéder à un emploi.

La différence entre escroquerie, abus de confiance et vol

Dans le cas d'une escroquerie, la remise du bien ou de l'argent par la victime à l'escroc est volontaire. Dans le cas du vol, la remise est involontaire. La victime d'un vol de voiture, par exemple, n'a pas remis volontairement la propriété de son véhicule au voleur. Dans le cas d'une escroquerie, l'escroc réussit en usant de la ruse et de la tromperie à convaincre la victime de remettre d'elle-même les clés du véhicule.

Une escroquerie est différente également d'un abus de confiance. Dans le cas d'une escroquerie, le caractère délictueux de la transaction est avéré dès le départ. Dans le cas d'un abus de confiance au contraire, l'acte délictueux n'est réalisé que dans un second temps.

Prenons un exemple simple pour bien comprendre. Une personne qui se fait passer à tort pour un gestionnaire de patrimoine afin de s'emparer du patrimoine d'une personne commet une escroquerie. À l'inverse, un gestionnaire de patrimoine qui détourne à son profit l'argent qu'on lui a confié commet un abus de confiance.

Il existe trois circonstances aggravantes :

- La victime est une personne vulnérable : malade, personne âgée, handicapé physique, personne atteinte de troubles psychiques…En plus de l'escroquerie, l'escroc a commis un abus de faiblesse.
- Pour commettre l'infraction, l'escroc a usurpé l'identité d'un agent public. Il s'est par exemple fait passer pour un policier ou pour un notaire.
- L'escroquerie a consisté à organiser une fausse collecte pour une œuvre de charité.

i. La sanction de l'escroquerie commerciale

L'auteur d'une escroquerie commerciale encourt une servitude pénale de trois mois à cinq ans et d'une amende dont le montant ne dépasse pas deux mille zaïres, ou d'une de ces peines seulement[68].

[68] Article 98 du décret du 30 janvier 1940 tel que modifié et complété à ce jour.

Section II. LES INFRACTIONS LIÉES À LA FALSIFICATION ET AU COMMERCE DES DENRÉES ALIMENTAIRES

Tour à tour, il sera question ici d'analyser la notion de falsification des denrées alimentaires et risques de santé (1), l'analyse des infractions liées à la falsification des denrées alimentaires (2) ainsi que les voies de répression internationale de la contrefaçon alimentaire et autres formes de fraude (3).

§1. La notion de falsification des denrées alimentaires et risques de santé

1. Notions de falsification des denrées alimentaires

La falsification désigne la production de denrées alimentaires et de substances et matières premières en contact avec des denrées alimentaires en violation de la législation ou autorisée. Tous les aliments tels que la viande et les produits à base de viande, l'huile végétale, le miel, le lait et les produits laitiers, les conserves sont frelatées et imitées.

Le produit alimentaire ainsi falsifié est partagé avec le public avec des entreprises identifiées pour l'imitation et la falsification des produits. Se reposer comme un colorant synthétique ou une poudre de tuile pour raviver la couleur des épices, ajouter différentes feuilles de plantes pour augmenter la quantité, faire du fromage à la crème en transformant du fromage gâté, différents produits chimiques pour blanchir le pain, teindre les branchies du poisson pour faire il a l'air frais, différents ingrédients à base de plantes dans l'huile d'olive.

Il existe une astuce comme l'ajout de graisses, l'ajout de différentes viandes animales ou d'organes internes à la viande rouge et à ses produits.

L'importance de l'analyse en laboratoire a augmenté depuis que la santé humaine a été mise en danger par de telles astuces.

En droit congolais, le principe de la liberté de commerce et de l'industrie sanctionne la liberté contractuelle largement influencé par le droit pénal en ce sens que chacun est libre de s'engager dans un achat et, hormis le cas de fraude avéré, le juge n'a guère à intervenir dans la transaction.

L'article 99 du code pénal livre II punit la tromperie sur la nature de la chose vendue. Bien que certains juristes aient une interprétation large de cette disposition, considérant qu'elle trouve à s'appliquer lorsque la tromperie porte sur la qualité, l'infraction visée est bien distincte de la falsification, dont une définition juridique claire manque.

À la lecture de la législation pénale, il faut constater que la falsification est alors essentiellement définie comme un mélange, par l'addition de substances dont la nocivité est établie.

Ainsi, quiconque aura mêlé ou fait mêler des matières nuisibles à la santé, au pain, ou à d'autres comestibles, ou à des substances qui entrent dans la fabrication du pain, d'autres comestibles, ou de boissons, les uns et les autres destinés à être vendus ou distribués ainsi qu'à toute personne qui, sachant que des matières nuisibles à la santé seraient mêlées à ces comestibles, boissons ou substances, les aura vendues, débitées ou distribuées ou aura tenté de les vendre, distribuer ou faire distribuer.

Pour qu'une substance soit considérée comme nuisible ou vénéneuse, il faut que ses effets soient néfastes pour tout individu et non pour une personne ou une catégorie particulière de personnes. Mais pour que le délit existe, il n'est pas nécessaire qu'elle soit mêlée dans une quantité propre à produire ses effets.

La répression de la contrefaçon des denrées alimentaires en République Démocratique du Congo est donc motivée par la protection de la santé publique. Celle-ci l'emporte sur la liberté des fabricants et des marchands et elle seule justifie d'y apporter une limite.

2. Ampleur de la contrefaçon alimentaire au niveau international

La production et la vente de marchandises contrefaites constituent un problème mondial, dont le coût se chiffre en milliards de dollars et qui a de sérieuses répercussions économiques et sanitaires pour les États, les entreprises et les consommateurs.

La contrefaçon est partout dans les secteurs alimentaire, audiovisuel, médical et de la mode et, bien trop souvent, les liens entre les produits contrefaits et la criminalité transnationale organisée sont ignorés dans la chasse aux bonnes affaires à des prix défiant toute concurrence.

a. Des activités aux mains de la criminalité transnationale organisée

Entreprise très lucrative, la contrefaçon profite à des criminels qui s'appuient, d'une part sur une demande soutenue de produits bon marché et, d'autre part, sur de faibles coûts de production et de distribution. Exploitant l'attrait d'offres griffées à prix cassés ou simplement la situation financière des consommateurs, les activités illicites associées à la contrefaçon ciblent une clientèle non avertie et les chasseurs d'aubaines.

Si les coûts de la contrefaçon sont difficiles à quantifier (et n'incluent pas les préjudices tels les maladies et les décès), l'OCDE en estime la valeur aux alentours de 250 milliards de dollars[69]. Tandis que les contrefacteurs continuent d'engranger des bénéfices considérables, des millions d'individus sont menacés par des produits inefficaces et dangereux[70].

Dans de nombreux pays du monde comme en RDC, les contrefacteurs mettent à profit l'absence de législation dissuasive, puisque la contrefaçon est pénalement beaucoup moins risquée que d'autres infractions, et élaborent des montages complexes pour déguiser leurs activités.

Ils créent des entreprises fictives et des sociétés écrans, exploitent les faiblesses des contrôles aux frontières et des cadres réglementaires, et utilisent de faux documents pour obtenir des substances pharmaceutiques et du matériel de production pour copier des articles authentiques. Les réseaux criminels de la contrefaçon gèrent des activités mondialisées qui incluent la fabrication, l'exportation, l'importation et la distribution de biens illicites.

L'échelle du commerce de marchandises contrefaites et l'ingéniosité de ses intervenants représentent un redoutable défi lancé aux services de détection et de répression, dans

---

[69] Organisation de coopération et de développement économiques (OCDE). 2007 disponible sur http://www.oecd.org/dataoecd/57/27/44088872.pdf, consulté le 14 mars 2023 à 16 h 10.

[70] Organisation mondiale des douanes : Customs and IPR Report. 2008 (rapport sur les douanes et les DPI). http://www.wcoomd.org/files/1.%20 public%20filesf, consulté le 12 mars 2023 à 14 h 12'.

la mesure où les contrefacteurs adoptent des méthodes extrêmement souples pour imiter les produits et empêcher leur détection.

L'implication des organisations criminelles va souvent au-delà de la fabrication et de l'acheminement de contrefaçons, nombre d'entre elles trempant également dans le trafic de drogues, d'armes et la traite d'êtres humains.

b. Peut-on vraiment parler « d'aubaines » ?

Les contrefacteurs sont impliqués dans la production illicite de contrefaçons dans pratiquement tous les domaines : alimentation, boissons, vêtements, chaussures, produits pharmaceutiques, articles électroniques, pièces détachées automobile, jouets, monnaies, alcools, cigarettes, articles de toilette, matériaux de construction et bien plus encore.

Souvent, la tentation est telle que les consommateurs ne peuvent qu'y céder, d'autant plus qu'ils sont nombreux à ne pas comprendre les risques et les ramifications associées à cette industrie illicite.

Plutôt qu'une transaction illégale, l'achat d'un jean ou d'un sac à main de contrefaçon peut s'envisager simplement comme un moyen de suivre la mode à peu de frais. On ne se préoccupe alors guère du fait que l'argent ainsi dépensé peut finir entre les mains de groupes criminels organisés ni des dégâts provoqués au sein des industries dont la survie dépend des ventes licites.

L'achat de faux produits pharmaceutiques peut masquer les risques à long terme, avec de nombreux exemples d'incapacités et de décès provoqués par des médicaments frelatés, et contribue au développement de pathologies pharmaco-résistantes.

Même l'achat d'objets aussi anodins que des lunettes de protection ou des prises électriques présente de sérieux risques en raison de la qualité inférieure des faux, copiés et reproduits illicitement.

Les cigarettes de contrefaçon font aussi courir de nombreux risques. Elles sont en effet encore plus dangereuses que les autres, car elles peuvent contenir des quantités beaucoup plus élevées de nicotine et d'autres produits chimiques extrêmement nocifs comme l'arsenic, le benzène, le cadmium et le formaldéhyde.

Les criminels qui se dissimulent derrière ces opérations provoquent d'immenses problèmes dans toutes les sphères de la société car :

- Ils menacent la santé publique par la production de "médicaments" frauduleux ;
- Ils privent le secteur public de recettes fiscales en contournant les voies officielles ;
- Ils alourdissent la dépense publique en augmentant le travail des services de détection et de répression pour combattre ce commerce illicite et
- Ils font monter le prix des produits authentiques car les sociétés cherchent à compenser leurs pertes.

c. Plus d'impôts, plus de frais, moins d'emplois.

Dans la mesure où les États, les entreprises et la société sont victimes de pertes de recettes fiscales, de gains commerciaux et d'emplois, les ramifications de la contrefaçon affectent chacun d'entre nous.

Le flot des produits contrefaits et piratés ponctionne considérablement l'économie mondiale, en créant un commerce souterrain qui prive les États des revenus nécessaires aux services publics, et appesantit le fardeau fiscal des contribuables.

La proportion des ressources publiques que les autorités consacrent à des méthodes de détection de la fraude augmente également, de même que les budgets des services de renseignements et de police requis pour lutter contre des systèmes et des réseaux sophistiqués.

Les contrefaçons sapent également le marché du travail : les produits copiés et fabriqués illicitement portent préjudice aux ventes d'articles authentiques, ce qui réduit le chiffre d'affaires des entreprises légitimes. Les médicaments frauduleux ont également une influence directe sur l'augmentation du coût de la santé en raison de périodes de traitement prolongées et de complications médicales dues à la propagation de pathologies nécessitant des traitements lourds.

Les prix des produits authentiques sont généralement vendus à des prix très élevés, les entreprises renforçant leurs systèmes de sécurité pour combattre les activités criminelles organisées et devant donc investir plus de moyens dans la recherche et le développement.

d. Les faux médicaments, une tragédie de santé publique

Les médicaments frauduleux sont l'une des formes les plus dommageables des produits contrefaits. Ces dernières années, on a observé une forte progression de la fabrication, du commerce et de la consommation de ces produits, souvent avec des résultats néfastes, leur consommation ayant parfois entraîné la mort.

La vente de médicaments frauduleux d'Asie vers l'Asie du Sud-Est et l'Afrique représente à elle seule quelque 1,6 milliard de dollars des États-Unis par an[71], dont une part importante vient alimenter l'économie illicite.

L'Organisation mondiale de la Santé estime par ailleurs que jusqu'à 1 % des médicaments disponibles dans le monde développé sont des médicaments frauduleux. Ce chiffre atteint 10 % dans certains pays en développement, et dans certaines régions d'Asie, d'Afrique et d'Amérique latine où les produits pharmaceutiques frauduleux représentent jusqu'à 30 % des médicaments disponibles sur le marché.

Les préparations pharmaceutiques contrefaites présentent des dangers particuliers. Soit elles contiennent une dose inappropriée de principes actifs, soit aucune, ou encore des substances complètement différentes. Dans certains cas, les médicaments frauduleux renferment des substances très toxiques, comme du poison pour les rats.

Les médicaments frauduleux privent également les malades du traitement dont ils auraient besoin, les laissant ainsi vulnérables face à la maladie qu'il faudrait traiter. Ils contribuent par ailleurs à rendre plus résistants certains virus et certaines maladies parmi les plus dangereux au monde en favorisant le développement de souches pharmacorésistantes, car les principes actifs ne sont plus en mesure d'agir correctement.

Ainsi, des souches plus résistantes sont transmises à d'autres victimes et les vrais médicaments que prennent ces

---

[71] UNODC : The Globalization of Crime: A Transnational Organized Crime Threat Assessment. 2010, disponible sur http://www.unodc.org/documents/data-andanalysis/tocta/TOCT, consulté le 14 mars 2023 à 17 h 04

dernières pour lutter contre la même maladie sont moins efficaces.

Tous les types de médicaments, aussi bien les produits de marque que les génériques, peuvent être fabriqués frauduleusement, qu'il s'agisse d'analgésiques ou de produits antihistaminique ordinaires, de médicaments liés au mode de vie, comme les amincissants ou les médicaments traitant les dysfonctionnements sexuels, ou encore de médicaments assurant la survie utilisés dans le traitement du cancer et des cardiopathies.

Les médicaments servant à traiter les dépressions, la schizophrénie, le diabète, l'hypertension et le cholestérol figurent aussi au nombre des produits fréquemment falsifiés.

En Afrique de l'Ouest comme en RDC, on observe une nette progression des médicaments frauduleux, y compris des antibiotiques, des antirétroviraux et des médicaments administrés pour combattre des maladies menaçant le pronostic vital comme le paludisme et la tuberculose.

Par ailleurs, en Asie, important fabricant de médicaments licites, la production de médicaments frauduleux est à la hausse. Selon les statistiques de l'Organisation mondiale des douanes, les deux tiers environ des produits contrefaits (médicaments et autres produits) découverts à l'échelle mondiale en 2008 provenaient d'Asie de l'Est[72].

e. Les aliments frelatés, un repas mortel

Les produits alimentaires représentent un autre secteur que les contrefacteurs continuent d'exploiter, mais souvent le public méconnaît le problème.

---

[72]Https://www.unodc.org/documents/toc/factsheets/TOC12_fs_counterfeit_FR_HIRES.pdf consulté le 14 mars 2023 à 13 h 05.

Chaque année, des milliers de consommateurs dans le monde entier se laissent abuser par des produits alimentaires contrefaits qu'ils achètent au prix fort. Un stratagème privilégié par les criminels consiste à mal étiqueter des aliments intentionnellement et à les présenter comme s'il s'agissait d'articles de luxe ou comme provenant de certains pays pour justifier leur prix élevé.

Les consommateurs ne sont pas simplement induits en erreur lorsqu'ils croient consommer des produits de qualité supérieure. Il suffira de mentionner un seul exemple de ce commerce des aliments contrefaits potentiellement mortels : en 2008, des milliers de bébés chinois sont tombés malades après avoir bu du lait contaminé par de la mélamine, produit chimique normalement utilisé dans les matières plastiques[73].

Alors que ce produit est interdit dans les produits alimentaires, il avait été ajouté pour couper le lait afin de donner l'impression, lors des tests, que le liquide était plus riche en protéines.

L'onde de choc provoquée par cette affaire d'aliments contaminés s'est propagée dans le monde entier, et l'on a craint que ces aliments aient pu être exportés jusqu'en Europe, voire au-delà. Dans certains cas également, du poison pour les rats et d'autres produits chimiques dangereux ont été retrouvés dans des aliments contrefaits en remplacement d'additifs licites plus coûteux.

---

[73] Produits de contrefaçon – bonnes affaires ou erreurs couteuses ? disponible sur Http://treaties.un.org/Pages/ViewDetails.consulté le 14 mars 2023 à 20 h 15'.

f. La nécessité de la coopération internationale en vue de la protection du pouvoir des consommateurs

Le secteur de la contrefaçon se développe à l'échelle mondiale dans de nombreux pays, entre les mains de réseaux criminels transnationaux. Pour lutter contre cette criminalité, il est de plus en plus nécessaire d'engager une action au niveau tant local qu'international. La Convention des Nations Unies contre la criminalité transnationale organisée représente sur le plan mondial la plate-forme la plus ouverte à l'appui de la coopération dans ce domaine.

Cent soixante-dix[74] pays y font actuellement parties et se sont engagés à combattre la criminalité organisée sur le plan local et international, notamment à travers la collaboration et en veillant à ce que les législations nationales soient convenablement structurées.

Des organisations comme INTERPOL et l'Organisation mondiale des douanes jouent également un rôle central dans la lutte contre la criminalité de cette nature, compte tenu en particulier de l'aspect transfrontière des opérations qui sous-tendent la contrefaçon.

En nouant un lien essentiel entre les services de détection et de répression, leur action illustre parfaitement les mesures qui sont nécessaires pour faire obstacle aux réseaux de la criminalité transnationale organisée. Il importe également de mieux sensibiliser les esprits à l'ampleur du problème. Cette responsabilité est largement partagée.

Ainsi, les organisations internationales, les autorités de la santé publique, les organismes commerciaux, les groupes de consommateurs et les citoyens concernés peuvent tous

---

[74]Produits de contrefaçon - bonnes affaires ou erreurs coûteuses ? disponible sur Http://treaties.un.org/Pages/ViewDetails.consulté le 14 mars 2023 à 20 h 15 '.

contribuer à sensibiliser la population aux dangers que représentent les produits contrefaits pour la santé et la sécurité. Par exemple, les sociétés privées complices de ce commerce devraient être dénoncées et mises hors la loi, et les codes de conduite devraient être appliqués plus strictement.

Les services de détection et de répression devraient aussi agir plus énergiquement à l'égard des contrefacteurs et leurs efforts devraient être appuyés par des législations locales de vaste portée, adaptées à ce type de criminalité.

Une action concertée et intersectorielle à l'échelle internationale est indispensable pour démasquer les criminels, enquêter à leur sujet et les poursuivre. Un secteur, par exemple, où une telle action fait défaut dans de nombreuses régions du monde est celui des cyberpharmacies qui se livrent à des opérations illicites sans grand risque d'être inquiétées.

Les consommateurs eux aussi doivent user de leur influence et faire preuve d'un esprit sélectif dans leurs achats. Si, souvent, ils ne peuvent repérer certains produits contrefaits, comme les médicaments qui contiennent des substances dangereuses, ils devraient éviter d'acheter des produits qui sont plus manifestement contrefaits.

Les réseaux de la contrefaçon peuvent continuer d'opérer et ils continueront aussi longtemps que les consommateurs soutiendront cette forme de commerce illégal.

Si un médicament dont vous savez qu'il doit être normalement délivré sur ordonnance est disponible en ligne sans ordonnance, sachez qu'il peut nuire à votre santé et peut-être de façon irréversible. Et n'oubliez pas, si ces achats peuvent vous faire économiser de l'argent à court terme, à long terme, les dommages infligés vous coûteront beaucoup plus cher.

1. Risques de santé et falsification alimentaire

La falsification alimentaire existait déjà au Moyen Âge, où on diluait le lait avec de l'eau ou bien on mélangeait les épices avec de la terre, des coques de noix écrasées ou des graines.

Dans nos sociétés mondialisées, les méthodes de fraude sont devenues si complexes qu'il est parfois difficile de les mettre au jour avec les moyens classiques liés à la sécurité sanitaire des aliments, car les aliments sont l'aboutissement de chaînes d'approvisionnement de plus en plus diversifiées et de plus en plus longues[75].

La falsification alimentaire désigne toute action délibérée réalisée par une entreprise ou un particulier dans le but de tromper autrui sur l'intégrité d'un aliment ou d'obtenir un avantage non dû.

La fraude alimentaire peut prendre les formes suivantes, notamment : frelatage, adultération, substitution, dilution, falsification, imitation, contrefaçon et présentation fallacieuse ou étiquetage trompeur.

Hormis les cas bien connus de dioxine dans la viande, de mélamine dans le lait en poudre et de viande de cheval dans les produits à base de bœuf, d'autres cas ont été découverts récemment, notamment l'étiquetage trompeur d'huile de cuisine recyclée, la contamination d'œufs au fipronil,

---

75 PROGRAMME MIXTE FAO/OMS SUR LES NORMES ALIMENTAIRES COMITÉ FAO/OMS DE COORDINATION POUR L'EUROPE Trente et unième session Almaty (Kazakhstan), 30 septembre – 4 octobre 2019, disponible sur https://www.fao.org/fao-who-codexalimentarius/sh-proxy/fr/?lnk=1&url=https%253, consulté le 8 mars 2023 à 21 h30.

l'ajout de colorants dans de l'huile d'olive et des produits à base de viande ou de poisson, la dilution de miel et de sirop d'érable et l'ajout de noisettes à des arachides broyées.

La falsification alimentaire présente d'importants risques pour la santé des consommateurs, entraîne du gaspillage de denrées alimentaires, a des conséquences financières pour les entreprises du secteur et nuit à la confiance des consommateurs envers celles-ci, voire envers l'État.

Afin de protéger la santé publique et de préserver la réputation des États et l'intégrité des produits alimentaires en Afrique, il faut garantir la sécurité sanitaire, la qualité et l'authenticité des aliments produits dans la région et empêcher l'entrée sur le marché de produits qui ne respectent pas les normes de qualité et de sécurité sanitaire.

§2. L'analyse de l'infraction liée à la falsification des denrées alimentaires

1.. Le siège de la matière

Le décret du 26/07/1910[76] en constitue le siège de la matière et détermine les éléments constitutifs de cette infraction.

2. Les éléments constitutifs de l'infraction à la falsification des denrées alimentaires

Le décret susvisé érige en infractions le fait de :

- falsifier ou faire falsifier des comestibles, boissons, denrées ou substances quelconques propres à l'alimentation et destinés à être vendus ou débités ;
- vendre, débiter, détenir pour la vente ou exposer en vente ces objets, sachant qu'ils étaient falsifiés ;

---

[76] Article 2 du décret du 26/07/1910 sur la fabrication et commerce des denrées alimentaires.

- vendre, débiter, détenir pour la vente ou exposer en vente des comestibles, boissons, denrées ou substances alimentaires déclarés nuisibles par une loi, un décret ou un règlement de l'autorité ou simplement gâtés ou corrompus.

Pour la jurisprudence, il faut entendre par falsification l'altération de la substance même du produit, soit par addition d'éléments étrangers, soit par soustraction de tout ou partie de la matière qui lui donne sa valeur[77].

Cette jurisprudence soutient ici l'existence de l'infraction lors même que le vendeur aurait ignoré l'état de décomposition de la marchandise vendue, débitée ou exposée en vente, du moment qu'il y a faute de la part du marchand de n'avoir pas vérifié la qualité de la marchandise[78].

Cependant, la loi punit différemment les cas des articles 1 et 2 et la gravité de la répression est fonction de la mauvaise ou la bonne foi de l'agent coupable de l'infraction.

La jurisprudence pense que si l'article 2 précité est applicable à ceux qui ignorent que les comestibles sont gâtés ou corrompus, il suppose, comme toutes les dispositions, que le fait imputé est à tout moins le résultat d'une négligence, d'un défaut de prévoyance ou de précaution[79].

L'article 3 punit ceux qui, sans l'intention frauduleuse exigée par l'article 1 al 2, auront vendu, débité, exposé en vente, détenu pour le débit ou la vente des comestibles, boissons, denrées ou substances alimentaires quelconques

---

[77] ELIS, 2 Mai 1916 (jur.col., 1927, p.58 avec note).
[78] BOMA, 22/04/1914 (Jur. Congo, 1921, p. 103 avec note).
[79]BOMA, 3/11/1914 (Jur Col., 1925, p.234 avec note).

falsifiés. C'est la matérialité de l'infraction qui est punie dans le chef d'un vendeur de bonne foi.

Ce décret, bien que conçu par le législateur colonial, demeure très adapté au contexte économique et social actuel caractérisé par la pénurie des biens de consommation, des importations désordonnées, la hausse de prix et le bradage de la qualité.

C. La sanction à la falsification des denrées alimentaires

- Seront punis d'une servitude pénale de trois mois au maximum et d'une amende qui ne dépassera pas 500 francs, ou d'une de ces peines seulement, ceux qui auront vendu, débité ou exposé en vente des comestibles, boissons, denrées ou substances alimentaires quelconques gâtés ou corrompus[80].
- Seront punis d'une servitude pénale de sept jours au maximum et d'une amende de 200 francs, ou d'une de ces peines seulement, ceux qui, sans l'intention frauduleuse exigée par l'article 1er, 2°, auront vendu, débité, exposé en vente, détenu pour le débit ou la vente des comestibles, boissons, denrées ou substances alimentaires quelconques falsifiées[81].
- Le juge compétent pourra, en déclarant qu'aucune faute n'est imputable au prévenu, ne prononcer que la confiscation prévue à l'article 4 ci-dessous.
- Dans tous les cas prévus aux articles 1er, 2 et 3, les comestibles, boissons, denrées, substances alimentaires quelconques falsifiés, nuisibles, gâtés ou corrompus et trouvés en possession du coupable seront saisis et confisqués[82].

---

[80] Article 2 du décret du 26 juillet 1910 portant fabrication et commerce de denrées alimentaires. (*B.O.*, 1910, p. 657).

[81] Article 3 du décret du 26 juillet 1910.

[82] Article 4 du décret du 26 juillet 1910.

- Dans les cas prévus aux articles 1er et 2, le tribunal pourra ordonner que le jugement sera affiché, pendant un délai qui n'excédera pas un mois, dans les lieux qu'il désignera[83].

§3. Les voies de répression internationale de la contrefaçon alimentaire et autres formes de fraude

1. Action préventive et action répressive

Les atteintes portées aux droits des consommateurs du monde non industrialisé commencent enfin à susciter des réactions. Celles-ci sont justifiées lorsque l'on sait, par exemple, qu'une publicité a, il y a quelques années, convaincu bon nombre de mères de famille que le lait maternel était moins utile à la santé des bébés que celui fabriqué par une multinationale du secteur agroalimentaire.

De même, viennent à propos les protestations soulevées par des journalistes africanistes contre certaines firmes occidentales. Ces dernières ont effectivement pris l'habitude de vendre en Afrique des produits médicamenteux interdits ou réglementés en Occident ; et cela, avec une publicité tapageuse invitant le public à consommer des produits pourtant nocifs.

Nous avons vu qu'un contrôle préventif des produits importés peut se révéler efficace. Un tel contrôle incombe aux gouvernements locaux.

Mais on pourrait, en outre, envisager un contrôle *a priori* à la charge des autorités administratives du lieu de fabrication. Une action répressive n'en demeurerait cependant pas moins indispensable. Elle seule permettrait de réduire sensiblement les innombrables abus observés

---

[83] Article 5 du décret du 26 juillet 1910.

aussi bien dans le domaine de l'alimentation que dans celui de la santé, ou de l'hygiène, par exemple.

À cette fin, le bon sens et l'équité voudraient que l'on condamne autant, sinon davantage, les fabricants étrangers que les importateurs locaux, en cas de dommages causés aux consommateurs par la consommation de produits importés nocifs ou défectueux. Deux types d'action peuvent être exercés à cette occasion : l'action civile (A) et l'action pénale (B).

A. L'action civile

D'une part, la théorie de la responsabilité civile édictée par les articles 258 et suivants du CCLIII, permet aux consommateurs lésés d'obtenir réparation du préjudice subi. Ils agissent individuellement ou collectivement devant les tribunaux civils. Mais ils pourront également se constituer partie civile à l'occasion d'une action pénale déclenchée par le parquet.

D'autre part, la théorie des vices cachés permet aux consommateurs insatisfaits d'obtenir le rétablissement de l'équilibre contractuel grâce notamment à une réduction du prix. Cette théorie n'est pas du reste sans lien, quant à ses fondements, avec celle de la responsabilité civile.

L'action en responsabilité civile, comme l'action en réparation d'un vice caché, pourra être exercée aussi bien contre les fabricants étrangers que contre les importateurs locaux.

Outre la nécessité d'obtenir du juge étranger l'exequatur du jugement congolais, il faudra, le cas échéant, mettre en œuvre les procédures d'exécution. Or, celles-ci sont facilement tenues en échec par le jeu des insolvabilités volontairement organisées. Mais il en ira autrement lorsqu'il sera établi que le producteur est une firme notoirement solvable.

A condition de prendre la peine d'agir, les consommateurs pourraient donc, individuellement ou collectivement, obtenir des dommages et intérêts plus ou moins élevés selon les cas. Ils ont, par conséquent, intérêt à exercer une action en responsabilité contractuelle soit contre les vendeurs ou les importateurs locaux, soit même contre les producteurs étrangers.

Ainsi, sur le plan civil, le fabricant ne jouit théoriquement d'aucun privilège du fait de son éloignement. La solution est assez différente en matière répressive.

B. L'action pénale : problématique de mise en œuvre d'une action pénale contre le fabricant étranger ou l'importateur local

Sur le plan répressif, les intérêts des consommateurs sont sacrifiés par des principes juridiques séculaires. De telle sorte que, en droit congolais comme en droit belge ou français, « lorsque des produits frauduleux sont importés et que la fraude a été commise à l'étranger, sauf cas particulier, la répression ne peut atteindre son auteur ».

Certes, on pourrait soutenir que, connaissant le mieux la loi locale, l'importateur aurait dû éviter ou arrêter la diffusion de produits non conformes à la législation en vigueur. Sa responsabilité pénale devrait par conséquent être retenue. Et il s'exposait ainsi aux sanctions prévues par certaines dispositions du droit économique, comme celles relatives à l'importation, à la fabrication et au commerce des denrées alimentaires.

Mais, il échapperait aux poursuites ou tout au moins sa condamnation serait moins sévère s'il faisait preuve de diligence et de bonne foi.

Tel serait bien le cas s'il soumettait volontairement et spontanément les produits importés à un contrôle préventif, au lieu de chercher à tirer abusivement profit d'un défaut de vigilance de la part des organismes de contrôle comme l'Office congolais de contrôle ou la Commission de contrôle de la qualité des biens de consommation qu'il conviendrait de créer sous une forme ou une autre au Congo.

Ainsi, faute de pouvoir punir le fabricant étranger, on lui substituerait l'importateur congolais. On comblerait artificiellement un vide juridique ; et on atténuerait dans une certaine mesure l'impuissance de la justice locale.

On se prémunit donc contre les velléités de certaines firmes étrangères à profiter de la complicité (fût-elle passive ou inconsciente) d'un importateur local pour violer les droits fondamentaux des consommateurs et ridiculiser nos institutions judiciaires.

Mais, au nom de l'efficacité, on sacrifierait totalement le souci d'équité. Au demeurant, la substitution de l'importateur au fabricant pour les besoins de la répression violerait la morale juridique. Elle ne reposerait sur aucun fondement juridique solide. Elle aboutirait à contourner indirectement les limites du champ d'application de la législation pénale.

En l'état actuel du droit international, le fabricant étranger est tenu au respect de la loi du pays où il est établi. Il n'en irait autrement que si l'un des éléments constitutifs du délit se situait à l'intérieur des frontières congolaises.

Il existe cependant des hypothèses où le vendeur ou le fabricant étranger n'échappera que difficilement à la loi locale. Par exemple, rien n'empêchait de lui appliquer, le cas échéant, les dispositions du droit économique qui interdisent à quiconque de vendre, de mettre en vente ou d'exposer des denrées alimentaires toxiques, corrompues ou falsifiées.

Encore faudrait-il pour que des poursuites engagées sur cette base soient efficaces que l'on perfectionne l'entraide judiciaire internationale.

C. Opportunité d'une harmonisation internationale des systèmes de protection contre les fraudes

C'est au niveau des relations internationales que l'on pourra amorcer une politique globale de protection des consommateurs contre les produits importés nocifs.

Contrairement à l'Union européenne, l'Union africaine ne s'était pas encore décidée à favoriser l'harmonisation du droit économique jusqu'en 1980 où l'organisation africaine se prononça en faveur d'un marché commun africain.

Toutefois, les jalons d'une harmonisation législative apparaissent déjà, même partiellement, avec le traité de l'Organisation pour l'Harmonisation en Afrique du Droit des Affaires, entré en vigueur dans 16 pays depuis le 1er janvier 1999.

Une convention engageant les États membres de l'Union africaine pourrait entraîner une répression plus effective des fraudes en Afrique, en organisant notamment (ou en perfectionnant) des contrôles préventifs systématiques sur les produits importés. Ce ne serait là qu'un premier pas, mais un important pas qui devrait nécessairement accompagner l'intégration économique africaine tant prônée par les africanistes.

À l'heure actuelle, cependant, nul n'ignore que les relations économiques entre pays africains sont encore relativement insignifiantes.

Elles sont loin de pouvoir atteindre le niveau des échanges économiques liant chacun des États du continent noir aux pays situés dans d'autres continents, en particulier les anciennes métropoles. L'intégration économique africaine ne se réalisera concrètement, et de manière significative, que dans un avenir encore lointain (malgré les objectifs du Plan d'action de Lagos).

Une convention internationale dépassant le cadre de l'Union africaine serait, par conséquent, l'étape la plus décisive. Elle pourrait se réaliser en deux temps.

En premier lieu, l'Union africaine et l'Union européenne s'associaient dans une action contre l'impunité des fraudes économiques au plan international.

Ces organisations (dont les membres sont unis par des liens très étroits, notamment par les conventions de Lomé et de Cotonou liant les pays membres de l'Union européenne à ceux d'Afrique, des Caraïbes et du Pacifique) auraient dans cette perspective, tout intérêt à conclure une convention dominée par la détermination de garantir la répression des pratiques commerciales restrictives ou illicites.

En second lieu, l'ONU interviendrait par l'intermédiaire de la CNUCED qui a déjà émis les vœux de voir s'assainir la vie des affaires dans les pays en développement. Cette vision optimiste des relations internationales peut paraître utopique au premier abord. Pourtant elle préfigure bien le contexte mondial de demain.

En effet, les organisations internationales placent de plus en plus fréquemment au centre de leurs débats le souci de promouvoir les droits fondamentaux de l'homme. Or, on ne peut pas considérer la protection des consommateurs comme l'un des principaux éléments de ces droits fondamentaux.

D. La nécessité de stimuler la production locale

Pour l'heure, compte tenu notamment de la difficulté de concilier le souci d'équité (qui commande que l'on ne punisse pas l'importateur congolais en lieu et place du fabricant étranger) avec le besoin de renforcer la protection des consommateurs de produits importés, il convient de stimuler la production locale.

La promotion de celle-ci avait du reste été une préoccupation essentielle du législateur en 1979 lorsqu'il avait organisé le système des conventions de développement entre le gouvernement et les entreprises industrielles et commerciales.

Éphémère, ce système était un dirigisme archaïque en flagrante contradiction avec le libéralisme économique déjà très en vogue dans le pays en cette période-là.

En effet, la loi n° 79-002 du 7 février 1979 complétée par l'ordonnance-loi n° 83-011 du 1er avril 1983 disposait notamment que :

« Toutes les entreprises industrielles doivent participer à la production des matières premières locales qu'elles consomment »[84] ;

« Toutes les entreprises de distribution doivent commercialiser les produits locaux, spécialement les denrées alimentaires, et participer à leur production ou stimuler celles-ci »[85].

Dans la même perspective, précisément en vue d'organiser plus rationnellement le développement économique et social, les pouvoirs publics prônent depuis plusieurs années

---

[84] Article 4 de la loi n°79-002 du 7 février 1979 complétée par l'ordonnance-loi n°83-011 du 1er avril 1983

[85] Article 5 de la loi n°79-002 du 7 février 1979 complétée par l'ordonnance-loi n°83-011 du 1er avril 1983.

l'intégration industrielle comme stratégie de développement industriel.

D'autre part, sous réserve de quelques cas de dérogations prévus par la loi particulière sur le commerce (5 janvier 1973), notre droit institue un monopole de l'exercice du commerce au profit des opérateurs économiques nationaux, ce qui prive en principe les étrangers de la possibilité d'entreprendre des activités non productives.

Divers mécanismes juridiques visent à encourager les investissements productifs et à favoriser l'éclosion de l'initiative privée nationale.

D'une part, la législation économique privilégie les systèmes incitatifs, notamment à travers le code des investissements et la planification.

Cette orientation, qui a marqué l'action gouvernementale des années 70 et 80, demeure d'actualité en ce 21ème siècle naissant, comme en attestent tant les options fondamentales levées par la conférence nationale souveraine en 1991-1992 que les schémas retenus dans les programmes gouvernementaux ultérieurs.

D'autre part, sous réserve de quelques cas de dérogation prévus par la loi particulière sur le commerce (5 janvier 1973), le droit congolais institue un monopole de l'exercice du commerce au profit des opérateurs économiques nationaux, ce qui prive en principe les étrangers de la possibilité d'entreprendre des activités non productives.

D'une manière générale, la réglementation économique contribue à créer ou parfaire des structures et à édicter ou adapter des normes visant à doter les stratégies de développement d'un cadre juridique adéquat. Elle constitue le siège du droit économique, discipline dont l'émergence bouleverse des traditions séculaires en mettant en exergue la cohérence et la spécificité de règles de droit évoluant en marge ou au-delà du dualisme juridique classique.

Chapitre IV

LES SANCTIONS AUX INFRACTIONS ÉCONOMIQUES EN DROIT CONGOLAIS

À la diversité des infractions correspond logiquement une diversité des sanctions[86]. Ce qui implique un certain niveau de dosage entre la sécurité juridique et l'efficacité économique.

La difficulté de concilier le souci d'efficacité et celui de sécurité a toujours conduit les gouvernants à établir un dosage entre ces deux impératifs.

Selon l'idéologie dominante dans une société, mais surtout en fonction du contexte économique, politique et social d'une époque donnée, ce dosage variera tantôt au profit de la sécurité juridique, tantôt au profit de l'efficacité économique. Mais en aucun cas on ne sacrifiera totalement l'une ou l'autre[87].

Il sied de noter que la prédominance de la sécurité juridique, convient certainement aux sociétés libérales actuellement en pleine abondance. En particulier, elle justifie la mode du consumérisme dans les pays occidentaux.

---

[86]NYABIRUNGU MWENE SONGA et KISAKA, *La criminalisation de l'économie zaïroise : regards juridiques et économiques, Notes de conjoncture,* Kinshasa, n° 21, mars 1995.
[87] MASAMBA MAKELA, *op. cit.*, p.165.

Au contraire, les sociétés en développement, singulièrement celles qui subissent diverses formes de pénurie, sont contraintes d'accepter un certain sacrifice de la sécurité au profit de l'efficacité. La sécurité juridique comme la liberté économique doivent en effet, d'une certaine manière, céder le pas devant les exigences de l'organisation et du développement économique des nations sinistrées.

Les pouvoirs publics ont donc tout intérêt à privilégier le recours aux sanctions efficaces (2) et adaptées aux exigences d'une économie de pénurie ou, à tout le moins, sous-développée (1). Un accent sera donc mis sur la particularité dans la recherche des infractions économiques (3).

Section I. L'ADAPTATION DES SANCTIONS AUX EXIGENCES DE LA VIE ÉCONOMIQUE

L'adaptation des sanctions aux exigences de la vie économique marque l'originalité du droit économique dont elle révèle aussi les caractères. Les sanctions du droit économique se distinguent en effet des sanctions classiques du droit pénal et du droit civil tant en ce qui concerne le contenu qu'en ce qui concerne la technique de la sanction.

Car les sanctions du droit économique sont construites à partir d'une combinaison des sanctions traditionnelles du droit pénal, du droit civil et du droit administratif[88].

Le droit pénal s'est depuis toujours intéressé à la réglementation économique. De telle sorte que ni la production, ni la distribution, ni la consommation ne lui échappent. Ainsi, est née une nouvelle branche du droit : le droit pénal économique.

---

[88] MASAMBA MAKELA, *op. cit.*, p. 166.

Elle apparaît, ainsi qu'on pourra le constater, comme l'une des sources de la dissuasion des règles du droit économique. Aussi, la plupart des dispositions de notre législation économique sont-elles assorties de sanctions pénales. Il se pose cependant un double problème au sujet de ces sanctions. Leurs légalités sont-elles intactes ? Leurs taux sont-ils adaptés à la réalité ?

La légalité des peines est à la fois un principe constitutionnel et une règle fondamentale du droit pénal. La portée du principe « *nullum crimen, nulla poena, sine lege* » est bien connue : pas d'infractions, ni des peines, sans la loi. Un texte législatif est donc nécessaire pour créer une sanction pénale.

Or, depuis quelques années, de nombreuses dispositions réglementaires créent des sanctions pénales pour renforcer les chances d'application des règles qu'elles posent. La légistique est donc une question bien à l'ordre du jour au Congo.

Quant à l'inadaptation des taux des amendes pénales, elle découle de l'instabilité monétaire. Sous la pression de l'érosion monétaire, des dispositions législatives ont eu, durant les années soixante-dix et quatre-vingt, à multiplier par cent le taux des amendes pénales compter de la décennie quatre-vingt-dix, le recours à la devise étrangère s'est imposée par résignation : le pouvoir réglementaire a créé des amendes pénales, en lieu et place du législateur, et, qui pris est, en dollars américains.

Le décret n° 177 du 8 janvier 1999 relatif aux opérations en monnaie nationale impose l'usage et la référence exclusive au franc congolais. De même, le paiement des dettes envers l'Etat se réalise désormais par la voie bancaire ; ce qui inclut l'application des sanctions pénales pécuniaires (amendes).

Depuis lors, le montant des amendes pénales se chiffre en monnaie nationale ; les amendes dont les taux étaient déjà fixés en dollars sont donc payables en francs congolais, conformément à la parité officielle.

Les principales sanctions aux infractions économiques sont la servitude pénale, les amendes, la confiscation des objets ayant occasionné la commission de ces infractions.
A ces sanctions, il appert de signaler aussi des sanctions administratives telles que la fermeture de l'établissement, retrait de permis de fonctionnement, amendes administratives, etc.

Section II. L'EFFICACITÉ DES SANCTIONS ÉCONOMIQUES

Les techniques de répression prévues par la réglementation économique sont de nature à renforcer l'efficacité et l'aspect dissuasif des règles du droit économique. Ces techniques originales trouvent leur justification dans la nécessité d'œuvrer en faveur d'une organisation plus saine et plus cohérente des activités économiques.

Elles sont commandées par la diversité des sanctions, et par l'originalité même du droit économique qui fait intervenir à la fois des sanctions judiciaires (1), des sanctions extrajudiciaires (2) ainsi que l'importance des sanctions *sui generis* (3).

§1. L'efficacité des sanctions judiciaires

Le législateur a volontairement assoupli les conditions requises pour la répression des infractions économiques. Ainsi, le droit économique poursuit aussi bien les personnes morales que les personnes physiques. Cette solution est contraire à la conception classique des sanctions pénales.

En effet, le droit pénal traditionnel ne poursuit les personnes morales qu'indirectement, à travers leurs représentants légaux. Les personnes morales sont pourtant plus solvables que les personnes physiques. Mais il est vrai que la peine de servitude pénale ne peut leur être appliquée, de même qu'il est difficile de prouver leur intention coupable[89].

Le droit économique résout souvent la difficulté en édictant des peines plus appropriées mais non moins dissuasives que l'emprisonnement : la fermeture d'établissement est un exemple convaincant.

De même, le droit économique supprime l'importance du rôle de la volonté coupable (rôle capital en droit pénal classique), ce qui simplifie le travail du juge face à la question insoluble de savoir comment une personne morale peut concrètement avoir voulu violer la loi.

Il en résulte néanmoins une extension de la notion de responsabilité pénale prise dans son sens strict.

§2. L'efficacité des sanctions extrajudiciaires

Diverses sanctions administratives (amendes, transactions, fermetures d'établissement, etc.) viennent au secours des sanctions civiles et pénales pour accroître l'efficacité de la répression. Il serait toutefois opportun que l'administration fasse exception à son inertie habituelle. En effet les pouvoirs publics ont tout intérêt à faire preuve de détermination, de persévérance et de sévérité[90].

---

89 MASAMBA MAKELA, *op.cit.*, p. 172.
90 MASAMBA MAKELA, *op.cit*, p. 173.

Si l'on exclut le risque de corruption, il serait permis d'être optimiste quant au succès du rôle de l'État dans la répression des comportements anti économiques. Au demeurant, un tel succès rendrait plus crédible la politique gouvernementale en matière économique et sociale.

En tout cas, l'action des pouvoirs publics a toute chance de se révéler (au moins en ce qui concerne la poursuite des infractions économiques découvertes) plus rapide et plus efficace que celle des tribunaux. Par ailleurs, cette action exposerait moins les entreprises à la honte d'être publiquement condamnées pour non-respect de la législation économique.

Si la publicité des condamnations administratives ou judiciaires reste utile en tant qu'élément dissuasif des sanctions, son usage ne doit pas pour autant être systématique. D'où l'intérêt de faire appel à des sanctions discrètes comme la transaction[91].

Sans doute que le système des transactions administratives comporte quelques inconvénients. Cette pratique fragilise en effet la répression de la récidive et renforce l'impression que les infractions économiques ne présentent pas de gravité et ne méritent pas la réprobation de la conscience sociale.

Par ailleurs, ce système risque de constituer un encouragement pour les délinquants calculateurs, qui prendront plus facilement le risque de leurs agissements frauduleux, économisant par avance certaines sommes destinées aux transactions[92].

---

[91] RUBENS A., *L'amende dite transactionnelle*, Revue Juridique du Congo (Zaïre), p. 141.

[92] BEAUFFORT, *Les caractères originaux du droit pénal des prix*, thèse de doctorat, Nancy II, 1978, p.228.

Il aboutirait en outre au paradoxe suivant : « on poursuivrait des petits délinquants, tandis que des spécialistes continuent à bénéficier de la transaction grâce au jeu de leurs puissantes relations.

Ce système diminuerait le caractère dissuasif des règles et des sanctions du droit économique. De même, il contribuerait à accréditer l'idée selon laquelle la justice est inégale et profite toujours aux plus fortunés[93].

§3. L'importance des sanctions « *sui generis* »

Des sanctions *sui generis* ont également retenu l'attention du législateur congolais dans l'élaboration de la réglementation économique : fermeture définitive ou provisoire d'établissement, publicité de la décision de condamnation, etc. Ces sanctions dites accessoires ne sont pas dépourvues d'effet dissuasif[94].

On peut même douter de l'efficacité des sanctions principales surtout si elles ne sont que pécuniaires non accompagnées de sanctions secondaires.

En particulier, la peine accessoire de publication du jugement de condamnation peut s'avérer d'une grande efficacité dans la lutte contre les infractions économiques ; mais à condition qu'il n'en soit fait aucun abus. Car les opérateurs économiques redoutent toujours de voir ternir leur image de marque. Ainsi en est-il surtout du cas des entreprises commerciales soucieuses de conserver et de développer leur clientèle.

Cela, d'autant plus que l'opinion publique apprécie les mérites d'une compétition concurrentielle qui reste la règle du jeu d'une vie des affaires en pleine effervescence. Les

---

[93] MASAMBA MAKELA, *op.cit*, p. 174.
[94] MASAMBA MAKELA, *op.cit*, p. 174.

opérateurs économiques craignent donc toute publicité qui entourent et dénoncent leurs comportements anti-économiques.

Or, même en l'absence de condamnation judiciaire proprement dite, la presse congolaise dénonce de plus en plus les pratiques abusives commises par les spoliateurs et les fossoyeurs de l'économie congolaise.

Elle stigmatise la spéculation illicite, le marché noir, la contrebande et le bradage de la monnaie en sacralisant une expression devenue célèbre : la criminalisation de l'économie. Et elle n'hésite plus à citer des noms, comme ont souvent pu le constater non seulement les lecteurs des journaux mais aussi les auditeurs et téléspectateurs des médias audiovisuels[95].

Cette attitude de la presse n'est certes pas à l'abri de toute critique. Car, avant le prononcé d'un jugement de condamnation, la présomption d'innocence interdit toute campagne publicitaire de nature à déshonorer un homme ou à provoquer la ruine d'une entreprise.

Mais peut-être que les difficultés économiques et la persistance du marché noir nous placent-elles dans une situation exceptionnelle qui tolérerait certaines entorses aux principes généraux et à la sécurité juridique. Cela, au nom de l'efficacité économique.

Dans un contexte presque identique, les pays les plus épris de liberté n'ont-ils pas agi avec autant de sévérité, sinon davantage ? Par exemple la peine de mort, prévue en France [96] après la Seconde Guerre mondiale, même si aucune juridiction n'avait osé la prononcer en ce domaine,

---

[95] MASAMBA MAKELA, *op.cit*, p. 174.

[96] KELLENS, Du crime en col blanc au délit de chévalier, Annales de la Faculté de Droit de Liège, 1968, n°1, p.6 et s.

et l'internement administratif pour infraction à la législation économique.

Cette sévérité confirme dans une certaine mesure l'idée que le souci d'efficacité doit primer en période de pénurie. Ce même souci devrait guider les pouvoirs publics dans la mise en œuvre des dispositions du droit économique.

Section III. LA RECHERCHE DES INFRACTIONS ÉCONOMIQUES

Les auteurs des infractions économiques agissent avec une prudence telle qu'il devient difficile de découvrir leurs actes délictueux. Les tromperies, les falsifications grossières se raréfient et deviennent plus rusées et subtiles et donc plus difficiles à dénicher, d'où la nécessité d'appeler en contribution les consommateurs pour assainir les circuits commerciaux notamment par la dénonciation.

La prudence avec laquelle agissent les auteurs des infractions économiques empêche souvent la découverte de leurs actes délictueux.

Ainsi, qu'a pu le faire observer NGUYEN[97] : quelle que soit la conception que l'on adopte relative à la notion de fraude et aux fins de la répression, il reste que la fraude, sous son aspect concret, devient de plus en plus scientifique et difficile à déceler. Les tromperies et falsifications grossières se raréfient ; elles deviennent plus rusées et subtiles, plus difficiles à déceler.

Le souci d'assainir les circuits commerciaux exige donc que les consommateurs participent autant que possible à la lutte contre les fraudes.

---

[97] NGUYEN CHAN THAN, *Contribution à l'étude des techniques juridiques de la protection des consommateurs*, thèse, Caen, 1969, Paris, INC, 1970, p.66.

Plusieurs mécanismes seront mis en contribution des dénonciations (1) ; des provocations (2) ainsi que le rapport entre la provocation et la complicité (3).

§1. Le rôle des dénonciations dans la recherche des infractions économiques

Les dénonciations des fraudes par le public présentent plusieurs avantages. Elles confirment l'idée qu'en période de crise, et surtout de pénurie, le consommateur doit apparaître comme le meilleur auxiliaire du contrôle des prix car il ne faut négliger aucun élément, si minime soit-il, dans la lutte contre la hausse des prix[98].

En tant que reflet de la réprobation du peuple à l'égard du crime en col blanc, les dénonciations produisent un effet dissuasif auprès des potentiels délinquants. Elles accroissent les chances de découverte et de répression des infractions économiques. Il faut croire aussi qu'elles contribuent à stimuler le zèle de la police économique, incitant ainsi les agents de l'État à moins somnoler.

Les termes de la circulaire n°BCE/ENI/0754/76 du 16 mars 1976 du ministère de l'Économie nationale sont significatifs à cet égard en ce sens que tout stockage et toute tentative de stockage de produits, en vue de favoriser la spéculation sur le prix, devront être immédiatement dénoncés et seront sévèrement punis.

Tous les complices se verront appliquer une sanction exemplaire. La vigilance est demandée à toute militante et à tout militant pour dénoncer sans hésitation tous les commerçants malhonnêtes et inciviques »[99].

---

[98] MASAMBA MAKELA, *op.cit*, p.190.

[99] MASAMBA MAKELA, *op.cit*, p. 190.

Cependant, les dénonciations ressemblent parfois à des délations qui font honte à leurs auteurs et, surtout, qui comportent quelques dangers. Ainsi, en est-il lorsqu'elles sont faites dans un esprit de malveillance ou par méchanceté de la part d'un consommateur malintentionné ; ou bien par rancune ou vengeance de la part d'un concurrent sans *fair-play*.

Certaines attitudes exposent leurs auteurs aux sanctions prévues par l'article 74 du livre II du code pénal (atteinte à l'honneur ou à la considération) : « Celui qui a méchamment et publiquement imputé à une personne un fait précis qui est de nature à porter atteinte à l'honneur ou à la considération de cette personne, ou à l'exposer au mépris du public, sera puni d'une servitude pénale de huit jours à un an et d'une amende de vingt-cinq à mille francs ou d'une de ces peines seulement »[100].

D'autres comportements peuvent tomber sous le coup de l'article 76 du code pénal congolais livre II (dénonciation calomnieuse) : « Sera puni d'une servitude pénale de cinq ans au maximum et d'une amende de vingt-cinq à mille francs ou d'une de ces peines seulement : celui qui aura fait par écrit ou verbalement à une autorité judiciaire ou à un fonctionnaire public, qui a le devoir d'en saisir ladite autorité, une dénonciation calomnieuse »[101].

En toute hypothèse, les faits dénoncés conservent leur délictuosité et demeurent punissables nonobstant la preuve d'une atteinte à l'honneur ou à la considération ou d'une dénonciation calomnieuse.

---

[100] Article 74 du décret du 30 janvier 1940 tel que modifié et complété à ce jour.
[101] Article 76 du décret du 30 janvier 1940.

S'agissant de ce dernier délit, il importe pour que l'article 76 du code pénal congolais s'applique, que la victime de l'infraction établisse préalablement la fausseté des faits dénoncés et l'intention de nuire qui a guidé l'auteur de la dénonciation, c'est-à-dire en fait sa volonté de calomnier.

En réalité, les dénonciations sont plutôt rares. Car, l'expérience montre que, faute d'éducation, les consommateurs ne sont pas toujours d'humeur à participer à la lutte contre les fraudes. Il importe donc de les informer sur les risques que la multiplication des infractions économiques fait peser sur la sécurité physique et économique de chaque membre de la collectivité nationale.

Ensuite, une formation amène les consommateurs à se comporter avec plus de vigilance et plus de dignité. Ce qui ne manquerait pas de les inciter à mieux veiller sur leurs intérêts individuels et collectifs. Par conséquent, ils n'hésitent plus à se révolter contre les actes anti économiques qu'ils s'empressèrent de dénoncer.

§2. Le rôle des provocations dans la recherche des infractions économiques

La complicité passive des consommateurs au profit des délinquants économiques conduit parfois les agents publics à recourir à des méthodes peu recommandables : les provocations. Celles- ci consistent, par exemple, de la part d'un agent du contrôle des prix, à se faire passer pour un acheteur vulnérable. Ce faisant, il s'efforce d'inciter le vendeur à commettre un délit, qu'il s'empressera ensuite de mentionner dans un procès-verbal[102].

En pareille hypothèse, la provocation se trouve bien à l'origine de l'infraction. Car ce sont précisément les réactions psychologiques qu'elle engendre qui conduisent

---

[102] MASAMBA MAKELA, *op.cit*, p. 191.

certains opérateurs économiques à violer la législation des prix (articles 21 CPLI et 135 *ter* OL 1963)[103].

Ce procédé qui, ici et là, transforme en tristes victimes certains hommes d'affaires, est particulièrement choquant. Il serait tentant, surtout en période de pénurie, de soutenir que dans la phase policière de la recherche de l'infraction (...) l'emploi de la ruse n'est pas interdite et même qu'elle est parfaitement légitime dès lors qu'elle est employée dans une bonne intention » (*sic*).

On peut certes s'interroger sur le point de savoir si à l'habileté des délinquants il ne conviendrait pas d'opposer celle de la police économique. En vérité, un tel procédé est indigne, discrédite l'action des pouvoirs publics et choque la conscience juridique.

Il appert de constater qu'il n'est pas plus acceptable, en effet, de voir les représentants de l'ordre économique inciter aux prix illicites, que de voir un pompier allumer un incendie pour se donner la gloire de l'éteindre.

Néanmoins, la méthode des provocations, même si son ampleur n'est pas considérable, nous rappelle qu'une conscientisation des agents publics doit nécessairement accompagner, voire précéder, toute politique de lutte contre les fraudes.

A titre de sanction, les textes répressifs sanctionnant la provocation pourraient fort bien trouver lieu à application.

En particulier, l'article 21 du code pénal livre I, en vertu duquel : « *sont considérés comme auteurs d'une infraction :(...) ceux qui, par (...) abus d'autorité ou du pouvoir, machinations ou artifices coupables, auront directement provoqué cette infraction* ».

---

[103] Articles 21 CPLI et 135 *ter* OL 1963.

A la rigueur, la tentation serait grande d'invoquer l'article 135 bis du code pénal introduit dans notre code pénal par l'ordonnance - loi n° 299 du 16 décembre 1963.

Inspirée des droits belge et français, cette disposition punit *« quiconque aura provoqué directement à désobéir aux lois »*[104]. Son domaine d'application semble vaste, puisque, faute de travaux préparatoires indiquant une quelconque restriction de ce domaine, tout acte de provocation à la désobéissance d'une loi paraît devoir tomber sous son empire. Cela, quand bien même ledit acte ne serait pas suivi d'effet.

Ce vaste champ d'application supporte néanmoins certaines limites. Car l'article 135 bis du Code pénal vise moins la provocation en tant qu' acte de coopération morale à une infraction » que « fait punissable par lui-même »[105].

De même, l'insertion même de l'article 135 bis qui précède un article 135 ter du Code pénal réprimant l'incitation des militaires à la désobéissance dans une section du Code pénal consacrée à la provocation et à l'incitation à des manquements envers l'autorité publique, nous paraît significative. Elle permet de croire que, dans le domaine qui nous occupe, l'article 135 bis du code pénal n'est pas l'arme la plus apte à servir la cause de la victime d'une provocation à la commission d'un délit économique.

Toutefois, l'attitude de l'agent provocateur soulève la question de savoir si, compte tenu de son aspect incitatif, la provocation ne constitue pas une contrainte atténuant voire supprimant l'intention criminelle.

---

[104] MASAMBA MAKELA, *op.cit.*, p. 191.

[105] G. MINEUR « L'article 135 bis du code pénal », *Revue juridique du Zaïre*, 1967, n° 1, pp .15 et 16.

En effet, « il est des cas où la mise en scène, les manœuvres employées par les provocateurs sont si violentes ou si astucieuses qu'on peut considérer qu'elles suppriment en fait le consentement par là même du délit ».

En tous les cas, on est en droit de douter du sérieux, de l'objectivité et donc de la valeur probante du procès-verbal, pièce essentielle d'un éventuel procès, dressé par l'agent provocateur.

§3. Le rapport entre la provocation et la complicité

Enfin, une dernière question subsiste : la provocation ne constitue-t-elle pas une sorte de complicité[106] ? Car, concourant presque directement à la réalisation de l'infraction, n'apparaît-elle pas précisément comme l'un des éléments nécessaires ou constitutifs de ladite infraction ? Dans l'affirmative, elle justifierait la condamnation de son auteur à une peine identique (quoiqu'à un taux inférieur) à celle dont est passible le vendeur pris au piège[107].

Mais il y a plus, poussant plus loin son cynisme, le faux acheteur essaie parfois de monnayer habilement le procès-verbal constatant le non-respect de la réglementation économique. Il ne laisse au vendeur devenu sa victime qu'une alternative : corrompre et oublier l'incident, ou bien

---

[106] Au moins par analogie avec l'article 78 du livre II du code pénal congolais aux termes duquel : « Quiconque abusant des croyances superstitieuses des indigènes, aura, sans fondement réel, imputé à une personne un acte ou un événement vrai ou imaginaire, sachant que cette imputation inciterait autrui à commettre une infraction, sera considéré comme complice de l'infraction ainsi provoquée » (Elis .12 février 1946, R.J.C.B., p. 81 etc).

[107] MASAMBA MAKELA, *op.cit*, p. 193.

courir le risque d’être poursuivi en justice après transmission du procès-verbal au Ministère public.

Conclusion

Cet ouvrage porte essentiellement sur le régime juridique des infractions économiques en droit congolais. L'analyse pose une perspective de la construction d'un droit pénal spécial économique.

L'ouvrage aborde, tour à tour, les infractions aux règles de fixation et de publicité des prix, les infractions relatives à la concurrence, les infractions à la sauvegarde du pouvoir d'achat des consommateurs ainsi que les infractions liées à la falsification et au commerce des denrées alimentaires.

Dans son premier chapitre consacré aux infractions aux règles de fixation et de publicité des prix, il a été question d'analyser :

- Les modalités de fixation des prix des biens et services ;
- Le contour de la loi n° 18-020 du 09 juillet 2018 relative à la liberté des prix et à la concurrence ;
- Les enjeux du principe de la libéralisation des prix à travers l'élaboration de la structure des prix, de la publicité des prix et la protection des intérêts des consommateurs ;
- Les infractions en matière de prix avec leurs particularités des éléments constitutifs (légal, matériel et moral), le régime répressif ainsi que
- Les modalités de recherche, constatation, poursuite et répression des infractions de prix.

  Le deuxième chapitre a présenté les infractions relatives à la concurrence, il a été question d'analyser :
- La nécessité du maintien et régulation de la concurrence entre commerçants ;

- Les infractions relatives à la concurrence avec leurs particularités des éléments constitutifs (légal, matériel et moral) et régime répressif ;
- Les moyens de faire obstacle à la concurrence déloyale ;
- Les modalités de recherche, constatation, poursuite et répression des infractions relatives à la concurrence à travers la mise en œuvre de l'action en concurrence déloyale et de l'action en responsabilité civile.

Dans le troisième chapitre axé sur les infractions à la sauvegarde du pouvoir d'achat des consommateurs, il a été question d'aborder :

- Les facteurs influençant le pouvoir d'achat des consommateurs ;
- Les infractions à la sauvegarde du pouvoir d'achat des consommateurs (tromperie sur la qualité et sur la quantité des marchandises vendues, l'escroquerie commerciale, la contrefaçon des denrées alimentaires) en ressortissant leurs particularités en ce qui concerne les éléments constitutifs (légal, matériel et moral) et régime répressif ;
- Les mécanismes de la protection du pouvoir d'achat des consommateurs.

Le quatrième et dernier chapitre sur les sanctions aux infractions économique, il a été question d'analyser :
- La nécessité d'adaptation des sanctions aux exigences de la vie économique dans le souci d'atteindre la sécurité juridique et de l'efficacité économique ;
- La démonstration des particularités des sanctions économiques et leur degré de persuasion ;
- Les modalités spécifiques de la recherche des infractions économiques en droit congolais.

En définitive, la construction d'un droit pénal spécial économique reste alors le gage de la compréhension du régime juridique applicable à chaque catégorie d'infractions économiques car elle permettra de décrypter le contenu des éléments légal, moral, matériel de ces infractions.

L'ouvrage n'a pas la prétention d'avoir analysé toutes les infractions économiques, un simple échantillon sert de fondement de ce dernier.

Bibliographie sélective

Instruments juridiques

Constitution de la RDC du 18 février 2006 telle que modifiée par la loi n° 11/002 du 20 janvier 2011 portant révision de certains articles de la Constitution du 18 février 2006.

Décret du 06 août 1959 portant code de procédure pénale

Décret du 1er avril 1959 sur la sauvegarde du pouvoir d'achat des consommateurs.

Décret du 26 juillet 1910 portant Fabrication et commerce de denrées alimentaires. (*B.O.,* 1910, p. 657).

Décret du 30 juillet 1888 relatifs aux contrats ou des obligations conventionnelles. (B.O., 1888, p. 109).

Loi n° 79-002 du 7 février 1979 complétée par l'ordonnance-loi n° 83-011 du 1er avril 1983.

Loi organique n° 18-020 du 09 juillet 2018 relative à la liberté de prix et à la concurrence, publié au JO RDC, 23 juillet 2018, n° spécial, col 105.

Ordonnance n° 83-178 du 28 septembre 1983 portant création de la Commission de la police du commerce.

Arrêté Ministériel n° 66-07 du 1er décembre 1966 relatif au commerce des marchandises importées.

Arrêté Ministériel n° 009 du 2 février 1967 relatif à l'approvisionnement et répartition des marchandises.

Arrêté départemental DENI/CAB/06/013/87 du 26 mai 1987 portant création et fonctionnement de la Commission de la concurrence.

Ouvrages

BORRICAND J. et SIMON, *Droit pénal, Procédure pénale*, Dalloz, Paris, .

BUABUA WA KAYEMBE, *Le droit économique congolais*, Centre de Recherches en Finances Publiques, 2ème édition, 2016.

JACQUEMIN et SCHRANS G., *Le droit économique*, Paris, Que sais-je ? PUF, 2e éd., 1974.

Jean –Philippe COLSON et Pascale IDOUX, Droit Public Économique, Librairie Générale de Droit et de Jurisprudence, 7ème édition, Paris, 2014.

KOLB F. et LETURMY, *L'essentiel du droit pénal général*, Gualino- Lextenso, 12ème édition, Issy-les-Moulineaux, 2015-2016.

LIKULIA BOLONGO, *Droit pénal spécial zaïrois*, Librairie Générale de Droit et de Jurisprudence, Paris, 1985.

MASAMBA MAKELA, *Le droit économique congolais*, Droit et Idées nouvelles, Academia-Bruylant, Paris, 2016.

NGOTO NGALINGI, *L'Essentiel du Droit pénal congolais*, Presses Universitaires du Congo, Kinshasa, 2018.

NGUYEN CHANH TAM, AZAMA LANA, DARTOIS Ph., KABONGO KONGO J. et DARANAS S., *Guide juridique de l'entreprise*, Kinshasa, Librairie du Zaïre, 1973.

NYABIRUNGU MWENE SONGA et KISAKA, *La criminalisation de l'économie zaïroise : regards juridiques et économiques, Notes de conjoncture,* Kinshasa, n° 21, mars 1995.

SAKATA TAWAB, *Introduction au droit économique*, Presses Universitaires de Kinshasa, Kinshasa 2019.

TRAVAUX DE L'ASSOCIATION HENRI CAPITANT, *Le rôle du juge en présence des problèmes économiques*, Paris, Dalloz, 1975.

Articles de revue

NYABIRUNGU MWENE SONGA et KISAKA, *La criminalisation de l'économie zaïroise : regards juridiques et économiques, Notes de conjoncture,* Kinshasa, n° 21, mars 1995.

RUBENS A., *L'amende dite transactionnelle*, Revue Juridique du Congo (Zaïre), p. 141.

Thèses de doctorat

BEAUFFORT, *Les caractères originaux du droit pénal des prix*, thèse de doctorat, Nancy II, 1978.

NGUYEN CHAN THAN, *Contribution à l'étude des techniques juridiques de la protection des consommateurs*, thèse, Caen, 1969, Paris, INC, 1970.

Jurisprudences

ELIS, 2 mai 1916 in jur.col., 1927, p.58.

Prés. Comm. Liège, 2 janvier 1973, J.C.B., 1973, p. 112

Prés. Comm., Bruxelles, 4 février 1974. J.C.B. 1974. p. 390.

ELIS, 2 mai 1916 (jur.col., 1927, p.58 avec note).

BOMA, 22/04/1914 in Jur. Congo, 1921, p. 103.

BOMA, 3/11/1914 in Jur Col., 1925, p. 234.

Webographie

7 facteurs qui influencent le pouvoir d'achat des consommateurs - Entreprise évaluation disponible sur http:// entreprise-evaluation.com consulté le 6 mars 2023 à 9 h 40.

Http : //faolex.fao.org/docs/pdf/cng 187507.pdf consulté le 10 janvier 2023 à 9h 45'.

Https://www.unodc.org/documents/toc/factsheets/TOC12_fs_counterfeit_FR_HIRES.pdf consulté le 14 mars 2023 à 13 h 05.

Organisation de coopération et de développement économiques (OCDE). 2007 disponible sur http://www.oecd.org/dataoecd/57/27/44088872.pdf, consulté le 14 mars 2023 à 16 h 10.

Organisation mondiale des douanes : Customs and IPR Report. 2008 (rapport sur les douanes et les DPI). http://www.wcoomd.org/files/1.%20 Public%20files, consulté le 14 mars 2023 à 13 h 05.

Produits de contrefaçon - bonnes affaires ou erreurs coûteuses ? disponible sur https://www.unodc.org/documents/toc/factsheets/TOC12_fs_counterfeit_FR_HIRES.pdf consulté le 14 mars 2023 à 20 h.

PROGRAMME MIXTE FAO/OMS SUR LES NORMES ALIMENTAIRES COMITÉ FAO/OMS DE COORDINATION POUR L'EUROPE Trente et unième session Almaty (Kazakhstan), 30 septembre – 4 octobre 2019, disponible sur https://www.fao.org/fao-who-codexalimentarius/sh-proxy/fr/?lnk=1&url=https%253, consulté le 8 mars 2023 à 21 h30.

UNODC : The Globalization of Crime: A Transnational Organized Crime Threat Assessment. 2010, disponible sur http://www.unodc.org/documents/data-andanalysis/tocta/TOCTA_Report_2010_low_res.pd, consulté le 14 mars 2023 à 17 h 04.

Table des matières

Structures éditoriales du groupe L'Harmattan

L'Harmattan Italie
Via degli Artisti, 15
10124 Torino
harmattan.italia@gmail.com

L'Harmattan Hongrie
Kossuth l. u. 14-16.
1053 Budapest
harmattan@harmattan.hu

L'Harmattan Sénégal
10 VDN en face Mermoz
BP 45034 Dakar-Fann
senharmattan@gmail.com

L'Harmattan Cameroun
TSINGA/FECAFOOT
BP 11486 Yaoundé
inkoukam@gmail.com

L'Harmattan Burkina Faso
Achille Somé – tengnule@hotmail.fr

L'Harmattan Guinée
Almamya, rue KA 028 OKB Agency
BP 3470 Conakry
harmattanguinee@yahoo.fr

L'Harmattan RDC
185, avenue Nyangwe
Commune de Lingwala – Kinshasa
matangilamusadila@yahoo.fr

L'Harmattan Congo
219, avenue Nelson Mandela
BP 2874 Brazzaville
harmattan.congo@yahoo.fr

L'Harmattan Mali
ACI 2000 - Immeuble Mgr Jean Marie Cisse
Bureau 10
BP 145 Bamako-Mali
mali@harmattan.fr

L'Harmattan Togo
Djidjole – Lomé
Maison Amela
face EPP BATOME
ddamela@aol.com

L'Harmattan Côte d'Ivoire
Résidence Karl – Cité des Arts
Abidjan-Cocody
03 BP 1588 Abidjan
espace_harmattan.ci@hotmail.fr

Nos librairies en France

Librairie internationale
16, rue des Écoles
75005 Paris
librairie.internationale@harmattan.fr
01 40 46 79 11
www.librairieharmattan.com

Librairie des savoirs
21, rue des Écoles
75005 Paris
librairie.sh@harmattan.fr
01 46 34 13 71
www.librairieharmattansh.com

Librairie Le Lucernaire
53, rue Notre-Dame-des-Champs
75006 Paris
librairie@lucernaire.fr
01 42 22 67 13

www.ingramcontent.com/pod-product-compliance
Lightning Source LLC
LaVergne TN
LVHW021228061026
849535LV00008B/2970
* 9 7 8 2 1 4 0 4 9 0 1 5 6 *